平凡社新書
1055

ガザ紛争の正体

暴走するイスラエル極右思想と修正シオニズム

宮田律
MIYATA OSAMU

HEIBONSHA

ガザ紛争の正体●目次

第三章

第四章

はじめに

二〇二三年一〇月七日、パレスチナ・ガザ地区を実効支配するイスラーム主義組織のハマスはイスラエルを奇襲攻撃し、イスラエルの軍人・民間人など一二〇〇人が犠牲になった。イスラエルは二〇〇七年からガザを完璧なほどに封鎖していたため、まさに青天の霹《へき》靂《れき》のような攻撃だったことだろう。少なくとも第四次中東戦争（一九七三年）が終わって以降、これだけ多数のイスラエル人が犠牲になったことはない。

日本でガザをはじめとするパレスチナ情勢を日ごろウォッチしていなければ、ハマスの行為は残虐なものに思われただろう。

実際、岸田文雄首相は一〇月八日、パレスチナ自治区ガザを実効支配するイスラーム組織ハマスによるイスラエルへの攻撃を非難し、X（旧ツイッター）に「罪のない一般市民に多大な被害が出ており、我が国は、これを強く非難する」と投稿した。岸田首相はイスラエルによるヨルダン川西岸への占領の継続、占領地でのイスラエルによる入植地の拡大、イスラエル軍・警察による恣意的な逮捕、発砲などを批判してきたことはない。現在ヨルダン川西岸には七〇万人ぐらいのイスラエル人が不法な入植を行っているにもかかわらず、だ。

イスラエルが建設する入植地は東エルサレムを取り囲むように建設され、パレスチナ人たちが将来のパレスチナ国家の首都と考えているエルサレムへの実効支配を一段と進めている。イスラエルの極右勢力はエルサレムのイスラームの聖地であるハラム・アッシャリーフにしばしば足を踏み入れ、そこにユダヤの神殿を建設することを構想している。さらにガザでの生活は、イスラエルの経済封鎖によって失業率は五〇%を超えるなど著しく零落していた。ハマスの奇襲攻撃は、こうした日ごろの鬱積したパレスチナ人の思いを抜きに理解できるものではない。

ネタニヤフ首相がパレスチナ人に対して厳しい姿勢をとる背景の一つに、彼の兄であるヨナタン・ネタニヤフ（一九四六〜七六年）がPFLP（パレスチナ解放人民戦線）のハイジャック作戦の中で殺害されたことがある。PFLPのワディ・ハッダード（クリスチャンの医師）に指導されたグループは旅客機のハイジャック戦術を行っていた。一九七六年六月にパリ行きのエールフランス一三九便はイスラエル・テルアビブを離陸後、PFLPと西ドイツの左翼組織に乗っ取られ、アフリカ東部のウガンダの「エンテベ空港」に強制着陸させられた。イスラエルは奇襲部隊をウガンダに派遣し、ウガンダのアミン大統領の専用車と見せかけたベンツで乗客ターミナルに突入し、PFLPのメンバー六人を射殺した。このときイスラエルの奇襲部隊を指揮していたヨナタン・ネタニヤフ中佐が、ウガンダ兵に撃たれてイスラエル軍将兵の中で唯一死亡した。彼の実弟が、現在イスラエル首相を務めるベンヤミン・ネタニヤフだ。

ネタニヤフ首相を頂点とするイスラエルの極右を含む政権は占領地であるヨルダン川西岸にさらに一〇〇万人のユダヤ人たちを住まわせることを考え、将来的にはヨルダン川西岸をイスラエルに併合するつもりでいる。

一九四八年のイスラエル建国や、一九世紀後半以降、エルサレムにユダヤ人の国家を建設しようとするシオニズムによってユダヤ人たちがパレスチナに大量に移住してくる以前、パレスチナで暮らしていたユダヤ人たちは、アラブのムスリムやクリスチャンたちと共存し、アラビア語を話していた。現在のパレスチナ人のムスリムやクリスチャンと同様に、神のことを「アッラー」と言い日常の挨拶の言葉は現在のアラブ人と同様に「アッサラーム・アライクム（あなたの上に平安あれ）」だった。

現在のイスラエル領、ヨルダン川西岸、ガザ地区と重なる地域では一六世紀の中葉にはユダヤ人人口は一万人にも満たなかった。オスマン帝国資料では一九世紀中ごろのパレスチナの人口は六〇万人程度、八〇％がムスリム、クリスチャンは一〇％、そしてユダヤ人は五％から七％といったところだった。シオニズムの潮流があるまでユダヤ人はごく少数派だった。

シオニズムによるユダヤ人の大量移住前のオスマン帝国のパレスチナではユダヤ人は、彼らにとって聖地であるサフェド、ティベリア、ヘブロン、エルサレムに住んでいた。エルサレムを除いてこれらの都市に住む人々は主にアラビア語か、ユダヤ・スペイン語（＝ラディーノ語）を話していた。ユダヤ・スペイン語はユダヤ人がイベリア半島から追放される以前に話していた言語で、一五世紀末のスペイン語の特徴を残していると見られている。一八八二年のエルサレムでは、七六二〇人のセファルディム（スペイン・ポルトガルに住んでいたユダヤ人）／ミズラヒム（中東に住んでいたユダヤ人）／マグレビム人（北アフリカに住んでいたユダヤ人）が登録されて、そのうちの一二九〇人が北アフリカ出身の「マグレビム」と呼ばれるユダヤ人たちだった。これらの都市に住むユダヤ人たちの国籍はオスマン帝国で、アラブ人とのコミュニケーションはアラビア語で行われていた。

イスラエルがパレスチナ人たちをアパルトヘイトに置く契機になったのは、言うまでもなく、ユダヤ人のナショナリズムであるシオニズムによってイスラエル国家が成立したことや、一九六七年の第三次中東戦争でパレスチナを占領下に置き、またアメリカがイスラエルの占領政策を既成事実として容認していることが大きい。

一八世紀のフランス革命を契機にするナショナリズムが台頭する以前、パレスチナではアラブ人とユダヤ人の対立はなく、一五世紀にイベリア半島からユダヤ人たちが追放されると、イスラームのオスマン帝国はユダヤ人たちを歓迎して受け入れた。絹などの織物技術や、オスマン帝国が貿易関係をもっていた国々とのユダヤ人たちの通商交渉・仲介能力にオスマン帝国政府は注目していた。ヨーロッパから追放されたユダヤ人たちはオスマン帝国のサロニカ（テッサロニキ、ギリシア北部の都市）、エルサレム、サフェド（アラビア語ではサファド）などに移住してきた。

イスラエルは、エルサレムは古代ユダヤ王国の首都だったからイスラエルの首都であると主張する。しかし、アラブ・イスラーム勢力はエルサレムを一二〇〇年間にわたって支配したのに対して、ユダヤ支配は四二四年間にすぎない。ユダヤ人たちは西暦七〇年にローマ帝国によってエルサレムを追われ、離散（ディアスポラ）状態になったと考えられている。エルサレムは、第一次世界大戦中の一九一七年一一月にイギリスが占領するまでイスラーム支配が継続していた。古代に支配していたから自らの土地であるという理屈は現在の国際社会の秩序を混乱に陥れるものだ。そのような主張を世界の多くの国が行うようになったら、さらに多くの地域紛争が発生することだろう。

ここで簡単にパレスチナ問題の歴史をふり返ってみよう。ユダヤ人たちも一九世紀以降、ヨーロッパで台頭したナショナリズム思想に影響されるようになり、彼らはヨーロッパの国民になれないのならば、ユダヤ人の国をパレスチナにもとうという考えに至る。この考え、イデオロギー、運動のことをシオニズムという。ユダヤ人にとって「シオンの丘」はエルサレムの別称だった。シオニズムに従ってパレスチナに移住するユダヤ人の数は増加し続けたが、元々住んでいたパレスチナ・アラブ人は土地を奪われることになり、彼らとの軋轢《あつれき》を生んでいった。第一次世界大戦が終わると、国際連盟によるパレスチナの委任統治を行ったのはイギリスだったが、イギリスはアラブ人と、ヨーロッパ各地から移住してくるユダヤ人との間の利害の衝突を調停することができなかった。

ドイツで一九三三年にナチスが政権を掌握すると、ユダヤ人のいっそうの排斥や弾圧が行われ、ドイツがさらに第二次世界大戦によってポーランドなどに支配地域を拡大すると、いっそう多くのユダヤ人たちをその支配下に抱えることになり、ユダヤ人たちは最終的には強制収容所で大量に虐殺された。ナチスの虐殺によるユダヤ人の犠牲者の数は六〇〇万人とも見積もられている。ナチスによるユダヤ人のホロコースト（大虐殺）の実態が戦後明らかになると、欧米諸国ではユダヤ人に対する強い同情が生まれ、ユダヤ人国家創設の考えが支持されていった。しかし、パレスチナにユダヤ人国家を建設することは先住のアラブ人の犠牲の上にヨーロッパの贖罪《しょくざい》が行われることを意味していた。これはパレスチナのアラブ人には到底認められないことで、一九四七年一一月の国連パレスチナ分割決議に基づいて、翌四八年五月にイスラエルが独立を宣言すると、これを断固認めないパレスチナ人やアラブ諸国はイスラエルに宣戦布告した（＝第一次中東戦争）。

第一次中東戦争はイスラエルが装備、士気に優っていたこともあって、イスラエルが勝利して独立を維持することになった。一九五〇年代になると、イスラエルに敗北したエジプトではムハンマド・アリー朝のファルーク国王の無能が強く意識され、五二年七月にガマール・ナセルらを中心とする青年将校らによってクーデターが発生した。ナセルはイギリスがエジプトにもっていたスエズ運河を国有化するなど、アラブの統一、発展、繁栄を唱えるアラブ・ナショナリズムに訴え、中東からイギリスやフランスなど帝国主義諸国の影響力を排除して、アラブ民衆の熱烈な支持を得ていった。

パレスチナ人に強い同情をもつアラブ・ナショナリズムはイスラエルにとって脅威となったが、一九六七年六月、イスラエルはエジプトやシリアに先制攻撃を行い（＝第三次中東戦争）、圧倒的な勝利を収めてガザ、ヨルダン川西岸、東エルサレム、ゴラン高原、シナイ半島を占領した。特にヨルダン川西岸と東エルサレム、ゴラン高原の占領は現在でも継続し、さらにイスラエルは国際法に違反してイスラエル人の入植地（住宅地）を拡大している。また、ガザでイスラーム勢力のハマスが二〇〇六年から実効支配を開始すると、イスラエルは翌〇七年からガザに対する経済封鎖を行い、ハマスの拠点であるガザはイスラエル軍のたびたびの空爆をはじめとする攻撃を受け、子どもや女性など市民の犠牲者が多く出る事態となった。

国際法では軍事的に占領した土地から軍隊は撤退しなければならないし、また占領地住民の土地や財産を奪ってはならないことになっている。イスラエルはこの国際法（＝ジュネーヴ第四条約）を破り、占領を継続してパレスチナ人の土地や財産を奪い、イスラエル人のための住宅（＝入植地）を続々と建設している。

二〇一八年にガザの人々は帰還のための大行進をしたが、それにイスラエル軍は発砲し、一八年三月三〇日から一九年一二月二七日までの間に二二三人のガザ市民が亡くなっている。ガザ住民の七五％の家族は、現在イスラエル領となっているビールシェヴァやスデロットなどイスラエル南部の出身で、国連決議によれば帰還権を認められているが、イスラエルはこの帰還をいっこうに認めることがない。

パレスチナ保健省によれば、二〇一四年七月八日から八月二六日までのイスラエルによるガザ攻撃では、パレスチナ人二三一〇人が犠牲になり、そのうち七〇％が市民だった。ガザは「世界最大の監獄」とも形容され、パレスチナ人たちの移動や、物資の搬入に厳格な制限があり、建築物資の不足のためにインフラや住宅の整備も極端に滞ってきた。パレスチナ人たちがガザで利用できる清潔で、飲料に適する水は全水量のわずか四%とも見積もられている。さらに電力の制限もあり、一日数時間しか電力の使用ができない状態になっている。

国際法ではパレスチナ人には民族自決権があるが、イスラエルはこの民族自決権の行使であるパレスチナ国家創設を認めていない。アメリカのトランプ前政権は、パレスチナ国家創設を後押しする姿勢などまるでなく、ネタニヤフ首相が主張するパレスチナ全域(イスラエル、ヨルダン川西岸、ガザ地区、ゴラン高原を合わせた地域)に対するイスラエル一国支配でもよいというスタンスをとった。

二〇二二年一二月にイスラエルで極右を含むネタニヤフ政権が再び成立すると、翌年の三月に極右の「宗教シオニズム党」の指導者であるスモトリッチ財務相は、ヨルダン川西岸のパレスチナ自治区のフワーラ村(人口七〇〇〇人)を「消滅させる必要がある」と発言した。また同月、スモトリッチは、パリで開かれたユダヤ人らの会合で「パレスチナ人など存在しない」、「歴史も文化もない」などと発言した。

同じく極右政党「ユダヤの力(オツマ・イェフディート)」のイタマール・ベングビール国家治安相も「岩のドーム」やアル・アクサー・モスクなどがあるイスラームの聖地であるハラム・アッシャリーフの敷地内に足を再三踏み入れ、パレスチナ人ムスリムの宗教感情を逆なでする行為を繰り返している。二〇二三年六月二三日、ベングビールは、イスラエルの治安状況を安定させるために数十人、あるいは数百人、さらには数千人のパレスチナ人を殺害することがイスラエル政府の責務であると語り、彼はパレスチナ人を「テロリスト」と呼んでいる。イスラエルの治安のためにパレスチナ人殺害をあからさまに唱道するイスラエル極右の政治家たちは異様な心理をもっていると言わざるを得ないだろう。

こうしたイスラエルでの極右閣僚たちの言動もパレスチナ人たちの反発や危機感を招き、二〇二三年一〇月七日のハマスによる攻撃の一つの背景となった。イスラエルには数千人とも見積もられるパレスチナ人政治犯が拘束されていて、中には裁判を受ける権利もなく行政拘留されている人たちもいる。ハマスは誘拐したイスラエル人たちをパレスチナの政治犯の解放のための「手段」として用いたかったに違いない。

第二次世界大戦後に行われたニュルンベルク裁判では、IMT（国際軍事裁判所）憲章第六条に基づき、ナチス・ドイツの被告たちは、平和に対する犯罪（数々の国際条約に違反する侵略戦争の計画および遂行）、また人道に対する犯罪（すなわち、戦前および戦中の一般市民に対する殺人、殺戮、奴隷化、移送、その他の非人道的な行為、または軍事裁判の所轄圏内で行われた犯罪に伴う、または関連した政治、人種、または宗教に基づく迫害）などで裁かれた。これらの罪状は、ガザを攻撃するイスラエルの行為にほとんどすべて当てはまる。

イスラエルはなぜこれらの行為に国際社会の反発があるにもかかわらず手を染めてしまうのだろうか、その歴史的、思想的、軍事的要因や背景を本書では探ってみることにする。背景の一つにはイスラエルの領土的絶対性を考え、アラブ人（パレスチナ人）との共存の可能性を排除する極端なナショナリズムである「修正シオニズム」のイデオロギー的系譜があり、ユダヤ人のヨーロッパでの迫害を受けた歴史や長年のアラブ人との対立によって、「やらなければやられてしまう」という発想がイスラエルでは根強く定着している。

ベングビール国家治安相のように、イスラエルの治安の安定のためにパレスチナ人殺害を唱道するのは異様な心理と言えよう。本書は、ガザ紛争でどうしてイスラエルが国際社会から反発されても、民間人の犠牲を伴うような攻撃を意図的に行うのか、また病院や学校、モスクなど医療、教育、宗教施設などパレスチナ人にとって生活に欠くことができない建造物や基本インフラに対して破壊の限りを尽くすのか、さらにナチス・ドイツがユダヤ人の大量移送を行ったように、パレスチナ人をガザから追い出そうとするのか、イスラエルで台頭、定着する極右思想を基にして、その活動の背景が理解できるようにしたい。また、アメリカでは若者を中心に従来のイスラエル絶対支持の姿勢が崩れているが、パレスチナ問題をめぐるアメリカの政治・社会の変容についても触れたい。さらに、日本は極右が支配するイスラエル政治にどう向き合うべきなのかを考えてみたい。

第一章

イスラエルの過激な行動の歴史的背景

アメリカ・ワシントンDCホロコースト博物館。ワシントン・モールに近いワシントンの中心とも言える場所にある（筆者撮影）

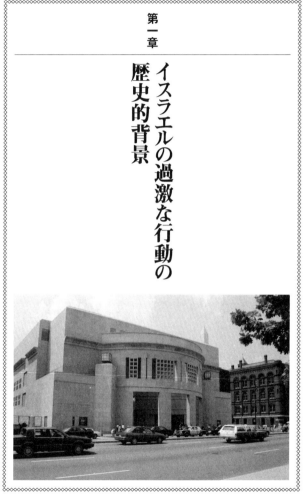

ポグロムとは何か?

イスラエルでは、二〇二三年一〇月七日のハマスの奇襲攻撃を「ポグロム」にたとえる声が強まった。「ポグロム」というロシア語には、「破滅させる、暴力的に破壊する」という意味があり、旧ロシア帝国(一七二一〜一九一七年)でのユダヤ人に対する暴力的な攻撃について用いられた言葉だ。

ポグロムやナチスの強制収容所の記憶は、イスラエルの学校では繰り返し教えられる。そのため、アラブ人は我々がユダヤ人だから攻撃するという考えが浸透するようになり、それがパレスチナ人に対する大規模な暴力を肯定するムードになっている。パレスチナ人の抵抗はナチスの暴力にたとえられ、一九八二年にレバノン侵攻を行ったメナヘム・ベギン首相(一九一三〜九二年)はPLOのアラファト議長をヒトラーだと形容した。軍事的に行動しなければ、自らの生命や財産が危ないという考えがイスラエル社会には浸透しているのだ。

ポグロムが最初に発生したのは一八二一年で、現在のウクライナであるロシア帝国オデッサ(オデーサ)で発生したユダヤ人襲撃とされる(「ホロコースト百科事典」、https://encyclopedia.ushmm.org/content/ja/article/pogroms)。

一八八一年にはロシア皇帝アレクサンドル二世の暗殺事件を契機にしてポグロムが発生した。実行犯は、二七歳のロシア人看護師のソフィア＝ペロフスカヤだったが、一人だけユダヤ人の男性がこの暗殺計画に関与しているとされた。彼は「ナロードニキ」運動（一九世紀後半のロシアの社会主義運動）の活動家で、それからユダヤ人に対するデマが飛び交い、その後およそ二〇年にわたって家屋の破壊など、ユダヤ人に対する集団的暴力であるポグロムが約二〇〇の都市や町で発生した。ポグロムは、政府によって黙認されるか、認められた宗教的、人種的、民族的マイノリティーに対する集団での暴力で、ロシアでは特にユダヤ人に対して一九世紀、二〇世紀に行われたヒステリックな残虐行為だった。

ロシア帝国は、一八世紀の三回にわたるポーランド分割以降、ロシアに移住してきたユダヤ人に対して、ロシア西部へと「ユダヤ人の囲い込み」を行い、彼らの自国内への流入や社会同化を制限したり、防止したりする措置をとった。一八八一年に「囲い込み」を行う中でユダヤ人に対するポグロムが発生したが、その翌年、ロシア皇帝は一八八二年五月法を設けて、ユダヤ人の農村部における土地所有を制限し、彼らを都市や町だけに居住させる制限を行うなど差別的措置をとった。これはユダヤ人の地方商人、職人の活動を奪うことになり、ロシアの政治・社会に希望を見出せなくなった一〇〇万人以上のユダヤ人たちがアメリカに渡っていった。そのうちの少数は西ヨーロッパに移住していったが、西ヨーロッパでは反セム（ユダヤ）主義のイデオロギーや運動に遭遇することになる。ポグロムは「居留地」と呼ばれるロシアが一七九一年から一八三五年にかけて新たに獲得した領土で行われた。「居留地」とは現在のリトアニア、ベラルーシ、ウクライナ、モルドバ、ポーランドの一部を含む地域である。

ポグロムの背景にあるのは、反セム主義という社会における異質な分子を差別、排除しようとする歪んだナショナリズムであった。キリスト教国のロシアでは、ユダヤ人たちがキリストを殺害し、またその赤ん坊を殺害して、その血をマッツァー（ユダヤ教の「過ぎ越しの祝い」で食べられるクラッカー状のパン）に混ぜたという迷信も現れた。一八八〇年代、ロシア政府は高等教育や大学に入れるユダヤ人学生の数を制限する法律を制定し、一八八二年には、ロシアのツァーリ（皇帝）政府は「五月法」によって非ユダヤ人がユダヤ人に対する貸付を行うことを禁止し、ユダヤ人が日曜日にビジネスを行うことや（ユダヤ人の安息日は土曜日）、「居留地」以外でユダヤ人が生活することを禁じた。

一九〇三年から〇六年にかけてポグロムはロシア全土で見られるようになり、一九〇三年四月にロシアが支配していたモルダヴィアのキシナウでは、警察や兵士たちが制御することがなく、殺戮、略奪、破壊が尽くされた。キシナウでは、四九人のユダヤ人が殺害され、九二人が重傷を負い、一五〇〇のユダヤ人家屋が略奪に遭ったが、ポグロムを煽った者に対する処罰は一切なかった。

一九〇五年のロシア革命の失敗と、その後のポグロムや経済的低迷はロシアのユダヤ人の若者たちをパレスチナに多数移住させることになった。一四年までに九万人のユダヤ人がパレスチナにいて、そのうちの一万三〇〇〇人が四三の農業団地（＝キブツ）で生活していた。こうした移住や活動は、シオニズム運動の理解者であったフランスのユダヤ人富豪エドモン・バンジャマン・ジャム・ド・ロチルド（ロスチャイルド、一八四五〜一九三四年）の寄付によって財政的に支えられていた。

第一次世界大戦中、ポーランドの多くのユダヤ人はポーランド独立のために戦った。ユダヤ人たちは、ロシア内戦、ポーランド・ウクライナ戦争、ポーランド・ソ連戦争の間、これらの紛争当事国からポグロムを受けた。国家間紛争が起きている中、ユダヤ人が「敵国に加担しているのでは？」と猜疑の目をもって見られたこともポグロムの背景として重要だった。第一次世界大戦の直後にアメリカ大統領のウッドロー・ウィルソンは、ポーランドで発生しているポグロムに関心を寄せ、調査を提唱したが、それほど東欧におけるユダヤ人迫害は世界的にも知られるところになっていた。

イスラエルでは、二〇二三年一〇月のハマスの攻撃は、ポグロムに見られるような反セム主義によって起こされたと考えられている。そこには、イスラエルによるガザへの経済封鎖に伴うパレスチナ人の生活上の困苦であるとか、イスラエルによる入植地拡大、パレスチナ人に対する人権侵害とかいう議論はほとんど見られなかった。

ユダヤ人の「絶滅」を考えたナチスのホロコースト

よく知られているように、ヨーロッパにおける反セム主義が頂点に達したのは、アドルフ・ヒトラーのナチス政権下でのことであった。ユダヤ人迫害は、その政権成立の一九三三年からドイツ敗北の四五年まで継続し、アウシュヴィッツ強制収容所などでおよそ六〇〇万人のユダヤ人が殺害されたと見られている。

ヒトラーはヨーロッパからユダヤ人がいない状態にすることを「人種的健全」と見なし、ユダヤ人の影響や存在が完全にない「ドイツ国家」こそ彼が考える健全な「ヨーロッパ生活圏」に向けての闘争の前提条件と考えていた。ヒトラーの「美学」は、ヨーロッパをアーリア人だけの居住地域にすべきと考えるもので、アーリア人の生活圏を「汚染」する者たちの「抹殺」「排除」を構想していた。

その「アーリア化政策」の標的となったのは、ユダヤ人たちだけでなく、労働組合の指導者、ナチスと競合していた社会民主主義者たちも、真っ先に強制収容所に送られた。ワイマール共和国では注意があまり払われなかった同性愛の禁止もナチスによって復活された。ホモセクシュアルの人々はドイツ、オーストリアで続々と逮捕されて強制収容所に入れられ、黄色い腕章や、のちにピンクの三角印をつけられた（他方でナチスは女性の同性愛には注意をあまり払わなかった）。一八七〇年代にアメリカで生まれたキリスト教系の宗教団体「エホバの証人」の信者たちは、国家への忠誠、また「ハイル・ヒトラー」の宣誓を拒んだため、およそ二万人が強制収容所に送られた。さらに、ドイツ社会に同化しないと考えられたロマ（ジプシー）の人々もまたユダヤ人と並んで「抹殺」の対象となった。

さらにナチスは「安楽死計画」を実施し、精神障害者、肉体的欠陥がある者、アーリア人種の優位性を説くことに反対する者たちを「安楽死」させた。

第二次世界大戦が始まる前年である一九三八年初頭においてユダヤ人のドイツ経済における活動には根強い影響があり、このときナチスが政権を掌握した三三年のユダヤ人人口の半分もドイツから流出させることができなかった。そのため、一九三八年から三九年にかけてドイツ国内のユダヤ人の財産没収、移住の強制の措置がSS（親衛隊）などによって行われた。また、この一九三八年には「水晶の夜」という徹底したユダヤ人弾圧が行われた。「水晶の夜」は一九三八年一一月九日から一〇日にかけて発生したが、これはパリでドイツ大使館館員が、難民として流出していたユダヤ人の青年に殺害されたことを契機にするものだった。この「水晶の夜」はナチスによって動員されたものだったが、この二日間で七五〇〇のユダヤ人の商店や企業が閉鎖され、また一〇〇〇のシナゴーグが焼失、あるいは損壊した。その後ユダヤ人は強制収容所に送られるか、ゲットー（ユダヤ人居住区）に強制移住させられた。

この「水晶の夜」を経ると、さらにドイツからの出国を希望するユダヤ人は増えていった。一九二二年から三九年の間にドイツを離れたユダヤ人は、その全人口のおよそ半分にあたる二五万人とも見積もられる。この中にはドイツのファシズムに抵抗したユダヤ人の科学者たちも含まれていた。しかし、「反セム主義」はドイツだけに限らず、他の多くのヨーロッパ諸国もユダヤ人の受け入れに躊躇したり、あるいはユダヤ人を国外に排除することを考えたりしていた。

一九三九年九月に第二次世界大戦が勃発すると、ドイツの軍事的拡張が進み、ドイツの占領地、すなわち「生活圏」がポーランドなど東欧に拡大され、ドイツはさらに多くの、数百万ものユダヤ人をその内部に含むことになった。ヨーロッパのほとんどのユダヤ人がナチスやその衛星国家の支配下に置かれることになった。第二次世界大戦が始まった当時、ポーランドには三五〇万人のユダヤ人が暮らしていたが、それはポーランドの全人口のおよそ一〇％を構成するものだった。ドイツ軍がポーランド、バルカン半島、ソビエト連邦に進出すると、特別機動殺害部隊である「アインザッツグルッペン（移動虐殺部隊）」がユダヤ人、ロマ、共産主義者、反ナチズムの政治指導者・知識人を一斉検挙して殺害した。ナチスの迫害の標的となった他のグループには、既述のように同性愛者、精神遅滞者、身体障害者、情緒障害者なども含まれていた。

ナチス・ドイツがポーランドを占領すると、首都ワルシャワにユダヤ人居住区「ゲットー」を設けるようになる。一九四〇年の秋の段階で四〇〇のユダヤ人ゲットーがポーランドにはあり、ユダヤ人はワルシャワの総人口の三〇％を構成していたにもかかわらず、市域の二・四％しかないゲットーの中に閉じ込められることになった。ワルシャワ・ゲットーでは、一平方キロメートルあたり、七万七〇〇〇人が居住するという超人口過密地域だった。さらに一部屋に九人余りがすし詰め状態にあったというケースもあった。

ナチス政権下の反ユダヤ主義

ナチス・ドイツは、ドイツ人を解放するためにはユダヤ人の粛清が必要だと考えた。アーリア人種の優越性を強調することは、多くのドイツ国民の間に階級を超えて支持されることになった。反セム主義は学校でも教えられ、また科学雑誌や研究所でも研究が進められ、その学術的正当性が証明されようとした。

ヒトラーの著書『わが闘争』（一九二五〜二六年）は、一九二四年にヒトラーが獄中で書いたものだが、彼はその中でアーリア人種であるドイツ人は他のいかなる人種よりも優越すると書いている。芸術、科学、技術においてもアーリア人種の創造力は卓越しているとヒトラーは述べた。

ユダヤ人とは本来ユダヤ教の信徒を意味するが、現在のイスラエルのユダヤ人の規定でも「ユダヤ教徒、あるいは母親がユダヤ人」ということになっている。しかし、ヒトラーは、本来のユダヤ人の定義ではなく、『わが闘争』の中ではユダヤ人を邪《よこしま》な「人種」としてとらえ、ナチスの反ユダヤ主義はヨーロッパに旧来あった反セム主義という宗教的な偏見に、人種的な蔑視や軽蔑を加えていった。ナチスはユダヤ人を宗教集団ではなく、人種としてとらえたのだ。宗教的な反セム主義は改宗で対応できるが、ナチスの政治的で人種的な反セム主義はユダヤ人の徹底的な放逐を考えるもので、究極の目的は「絶滅」となり、ユダヤ人が逃れられない迫害となっていった。

ヒトラーはかつて大英帝国が世界の四分の一を支配したように、アーリア人種が世界を支配すべきと考えていた。彼はアーリア人種の優越性は、とくにユダヤ人によって脅かされていると思っていた。ユダヤ人の若者はアーリア人種の若い女性をそそのかし、アーリア人種に不純な血を混入しようとしている。それはアーリア人種の文化的・政治的レベルを低下させることを目的にするものだというのがヒトラーの考えだった。

ヒトラーによれば、ユダヤ人は第一次世界大戦でドイツを敗北に導き、ドイツ最大の政党であるドイツ社会民主党を支配している。さらに、ドイツの主要な産業、またドイツの新聞の一部も経営している。ユダヤ人は共産主義や、世界を乗っ取ろうとするたくらみに加担しているのだとヒトラーは考えた。

ナチス・ドイツは、ユダヤ人を差別するための法整備を進め、一九三五年九月一五日のニュルンベルクのナチスの年次大会では、「ドイツ人純血・名誉保護法」、「帝国市民法」が公布された。これらの法は、反ユダヤ主義の法的根拠となり、ドイツが管理する地域でドイツのユダヤ人を定義し、また分類するものであった。これらの「ニュルンベルク法」は、ユダヤ人がドイツ人の血を汚染することを前提にドイツ民族の純潔を守るための人種差別法で、ユダヤ人とドイツ国籍者、あるいは民族的な定義においてドイツ人である人々との婚姻を禁止するものだった。

ドイツのユダヤ人たちは、保険に入ることも禁止され、劇場に入ること、また列車の車両も別に設けられるようになった。さらにドイツ人の学校からユダヤ人の子どもたちは放校の措置を受け、大学で学位を取得することも禁止された。また、ユダヤ人たちはドイツ人に対して医療行為をすることも禁止され、「アーリア化政策」によって、ユダヤ人の財産も没収となるなど、ナチス政権下のユダヤ人排除は徹底して行われた。

ドイツ軍が一九三九年にポーランドに侵攻すると、ドイツの「生活圏」拡大のために、ナチス政権はポーランド社会の解体にいっそう熱心となっていった。ナチスはポーランドの政府高官、カトリックの聖職者たちの一部を処刑し、既存の秩序の破壊を考え、また知識人層のポーランド人の少年たちを誘拐しては、ドイツ人の里親をつけて「アーリア人」に仕立てていった。さらに、多くのポーランド人が強制労働に従事され、最低限の食料しか与えられない中で苛酷な労働に従事するようになった。ポーランド人には、財産が没収され、また強制収容所送りとなった者も少なくなかった。

ベルリン郊外の山荘で行われた「ヴァンゼー会議」(一九四二年一月)では、ヨーロッパのユダヤ人の絶滅に関する「最終解決策」が策定され、その後、ナチス占領下のヨーロッパ全土からユダヤ人が組織的に強制収容所や「絶滅収容所」へ送られることになり、そこで殺されるか、奴隷労働を強いられた。いくつかの国では地下の抵抗運動が起こり、ポーランドのゲットーでは、ワルシャワ・ゲットー蜂起などユダヤ人の武装抵抗も試みられた。ワルシャワ・ゲットー蜂起(一九四三年四月一九日〜五月一六日)では、ゲットーのユダヤ人たちが移送先のトレブリンカの絶滅収容所(ワルシャワから北東九〇キロにあった)のガス室で大量に殺害されたと漏れ伝わると、ゲットーのユダヤ人たちは、Ż.O.B.というユダヤ人戦闘組織を結成し、ゲットーに密輸された武器でドイツ軍と戦うようになった。

Ż．O．B．はポーランド語でユダヤ人戦闘組織という意味のŻydowska Organizacja Bojowaの頭文字を取ったもので、この組織はドイツ軍と戦い、Ż．O．B．の弾薬が尽きるまで戦闘は続いたが、Ż．O．B．が殺害したドイツ兵は数百人とも見積もられている。この二八日間の蜂起の中で七〇〇〇人のユダヤ人が殺害された（「ホロコースト百科事典」、https://encyclopedia.ushmm.org/content/ja/article/the-warsaw-ghetto-uprising）。

アドルフ・ヒトラーはすでに一九一九年にユダヤ人問題の最終目標は、「揺るぎなくユダヤ人の完全な排除でなければならない。」と一九一九年九月一六日付書簡で書いたが、『わが闘争』の中でも、ユダヤ人は世界支配を企む邪悪な人種であると主張した。ナチスの反セム主義は中世よりあったキリスト教側からの宗教的な反ユダヤ主義に根ざしていたものの、それを政治的な主張に発展させ、反セム主義の政策手段を具体化していった。ユダヤ人をウンターメンシェン（ドイツ語で「下等人種」）と形容し、人種的なユダヤ人は改宗しても「ユダヤ人」から脱することができず、過酷な迫害・弾圧の対象となっていった。またナチスの対ソ戦争で一九四一年九月一九日にドイツ軍がウクライナのキエフ市に侵攻すると、キエフ市にあるバビ・ヤール峡谷で九月二九日と三〇日の二日間で三万四〇〇〇人近くのユダヤ人が虐殺された。

第二章

イスラエルの極右と修正シオニズムの思想

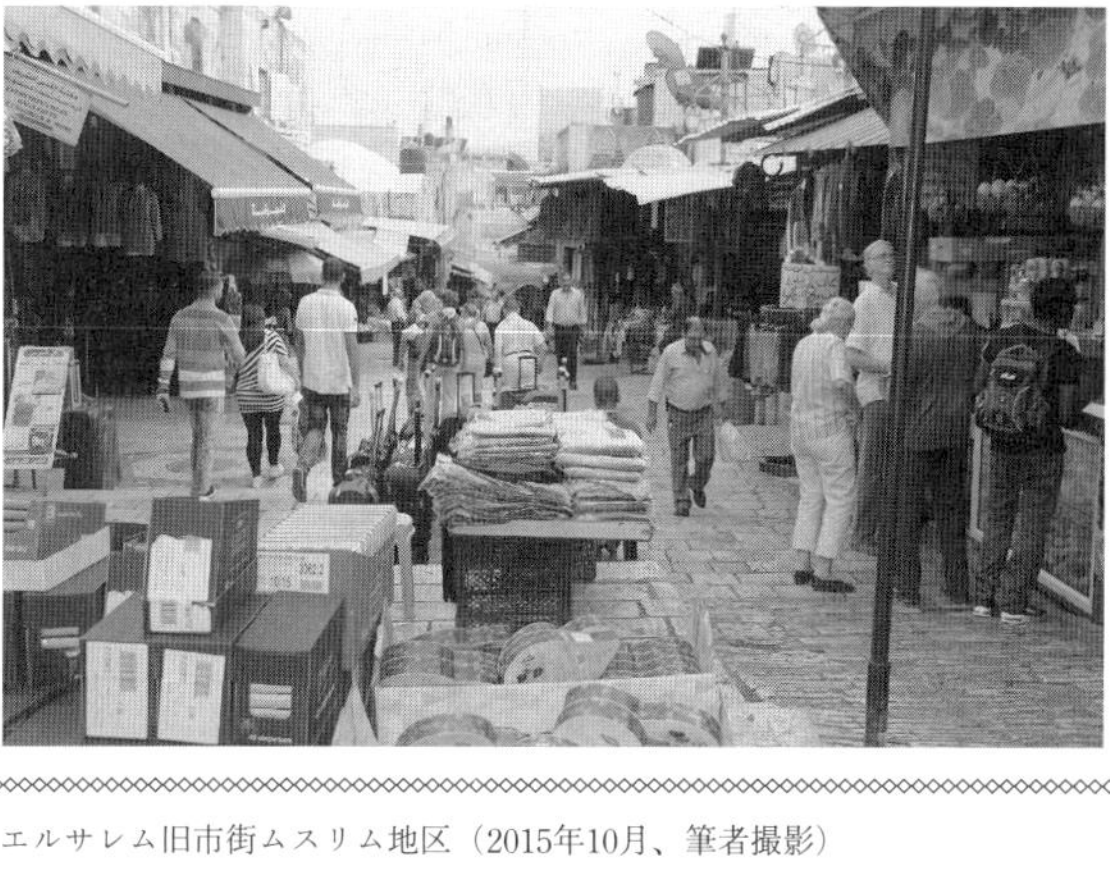

エルサレム旧市街ムスリム地区（2015年10月、筆者撮影）

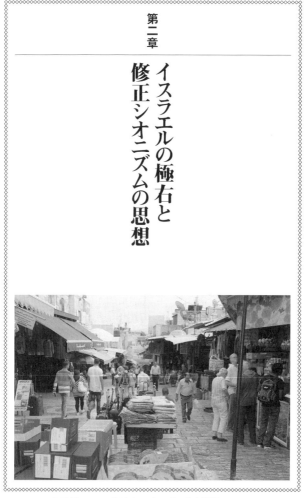

パレスチナ全域をユダヤ人が支配するという領土的絶対性を説く修正シオニズムのイデオロギーを創始したウラジミール・ジャボチンスキー（一八八〇～一九四〇年）は、現在からちょうど一〇〇年ほど前の一九二三年に『鉄の壁』というエッセーを書き、力によってアラブ人を屈服させることを説いた。

（アラブ人との）合意を得ることができる唯一の道は、鉄の壁である。それはいわば、いかなるアラブの圧力をも敵としないパレスチナにおける強力な権力なのだ。
（ジャボチンスキー『鉄の壁』、http://www.asyura2.com/0505/holocaust2/msg/540.html）

イスラエルにはこの修正シオニズムの強力な潮流があり、アラブ人との妥協は危険という考えが根づいている。イスラエルのネタニヤフ首相は「修正シオニズム」という領土に重きを置くナショナリズムに訴えて、軍事力や警察力を背景にヨルダン川西岸の入植地を拡大させてきた。

ジャボチンスキーはロシア帝国のオデッサ（現在のウクライナ・オデーサ）に生まれた。一八九八年に外国特派員としてジャーナリストのキャリアを始めたが、ジャーナリストとして有能なことが評価されて、一九〇一年にオデッサに呼び戻され論説委員となった。パレスチナにおけるユダヤ人国家創設に関するシオニズムの思想を著作と言論で広めていった。一九〇三年からの一〇年間、ジャーナリストとしての活動を続けながらヨーロッパ各地を旅して政治的に妥協することのない彼独自のシオニズムの思想を展開させていく。

ジャボチンスキーは、第一次世界大戦で中央同盟側に立って参戦していたオスマン帝国の敗北は不可避であり、その解体は確実と考え、オスマン帝国と敵対していた連合国のイギリス政府にユダヤ人難民のイギリス軍への参加を求めた。オスマン帝国は、ジャボチンスキーらがユダヤ人国家創設の場所と考えるパレスチナを支配していた。彼は、一九二〇年にパレスチナのアラブと戦うユダヤ人の軍事組織「ハガーナ」を創設したが、この活動をイギリスの委任統治への脅威と見たイギリス政府はジャボチンスキーに一五年の労働禁固刑を科した。しかし、ユダヤ人からの激しい反発に遭ったために、執行猶予が与えられた。二〇年代、ジャボチンスキーは、修正シオニスト世界連盟など世界の様々な修正シオニズム組織で活動した。

パレスチナに関するイギリス王立委員会で、ジャボチンスキーは彼の修正シオニズムの思想を説明し、ユダヤ人の困難は単に反ユダヤ主義の風潮から生まれるのではなく、ディアスポラ（離散）状態からもたらされるものだと主張し、ユダヤ人には土地の獲得が必要であることを熱心に訴えた。また、ヨルダン川東岸（現在のヨルダン王国）・西岸におけるユダヤ人国家創設の必要性を力説し、ユダヤ人がパレスチナで多数派になるように、パレスチナへのユダヤ人の移住の継続とユダヤ人の常設守備隊の結成を認めるようイギリスに求めた。ジャボチンスキーは、一九四〇年にアメリカの修正シオニズム団体「ベタル」を訪問中に心不全で亡くなったが、パレスチナでは彼の支持者たちが一九四〇年代に活動が活発だったテロ組織の「イルグン（イルグン・ツヴァイ・レウミ）」を創設していた。

修正シオニズムに基づく「テロ組織」

シオニストの右翼武装組織イルグンがハガーナの一部の司令官たちによって創設されたのは一九三一年で、当初からアラブとの暴力闘争を視野に入れて活動を行った。イルグンは修正シオニズムの武装組織で、ジャボチンスキーの考えのように、ヨルダン川の東岸・西岸にユダヤ人国家をつくることを目指していた。

イルグン・ツヴァイ・レウミのヘブライ語の意味は「民族軍事組織」で、一九三一年から四八年までの間に活動した。パレスチナ全域がユダヤ人の土地であると主張する修正シオニズムは、パレスチナ人との妥協を考えるものではなく、それが現在のネタニヤフ首相が党首を務める右派リクードのイデオロギーになっている。その方針は、武装闘争こそがユダヤ人国家を確保できる手段という極端なものだった。

イルグンの創設メンバーの一人アブラハム・シュテルン（一九〇七～四二年）は、ユダヤ人至上の世界観をもつ民族主義的、また自らの考えを絶対とする全体主義的な論理でパレスチナ全体にユダヤ人国家を創設することを考えていた。彼はポーランドのスヴァウキの出身で、一九二九年にパレスチナに渡ると、ハガーナのメンバーになった。彼は、ハガーナの穏健な方針に幻滅してイルグンの創設メンバーとなる。一九二九年のアラブの反乱を目の当たりにすると、彼の考えはいっそう急進化していった。彼は三四年に組織からポーランドに派遣され、パレスチナへの武器を初めて調達する。シュテルンは、アラブよりもイギリスがパレスチナのユダヤ人にとって主要な敵と考えるようになり、イギリスとの武装闘争を活動の中心に据えていった。三八年にポーランド政府と協定を結び、ポーランド軍の監督の下に武器を獲得するようになり、武器はワルシャワのイルグンの倉庫に集積されて、それからパレスチナに送られた。

一九三七年にイルグンは分裂し、そのメンバーの多くはハガーナに戻ったが、しかしイルグンに残った者たちはジャボチンスキーの指示の下、その活動を継続した。イルグンがテロ活動を強化したのは、同年一一月一四日からで、この日はエルサレム周辺のアラブ人を銃撃して一〇人を殺害した。この事件は「黒い日曜日事件」と呼ばれている。これに指示を与えたのはジャボチンスキーだったが、事件に関与したイルグンのメンバーの中には事件後、イギリス委任統治政府によって死刑に処せられた者たちもいた。イルグンは、さらに三八年七月二五日ハイファのアラブ市場で爆弾テロを起こし、アラブ人四三人が犠牲になった。これらの事件を受けてイギリス植民地省は、三九年二月二三日にイギリスが委任統治を放棄して、アラブ人の権利を守る国家独立を構想していくことを明らかにする。

シュテルンは一九三八年にポーランドでイルグンのメンバーへの訓練を始め、四万人のメンバーを集めるのに成功した。翌三九年にはイギリスのパレスチナ白書が明らかになった。白書では、当時すでに四五万人のユダヤ人のパレスチナへの移民が行われていたため、イギリスが一九一七年にバルフォア宣言でユダヤ人に約束した「民族郷土」の創設は実現されたと判断され、またユダヤ人の移民を三九年から五年間で七万五〇〇〇人に制限し、以後の移民はアラブ側の同意が必要とした。さらにアラブ人のユダヤ人に対する土地売却の規制が求められた。この白書のように、アラブ人の権利を守る国家独立を構想したりユダヤ人移民の制限を考えたりする、イギリスの姿勢に激しく反発したイルグンは、パレスチナ警察のユダヤ人部門の責任者であったラルフ・ケーンズを三九年八月二六日に爆殺した。

イルグンは、イギリスが白書によってユダヤ人のパレスチナへの移民を制限すると、パレスチナへの不法移民を幇助《ほうじょ》するようにもなった。イルグンの暴力行使に対して、イギリスもまたそのメンバーの処刑や殺害で応酬した。さらにその報復としてイルグンはイギリス軍兵士を捕捉しては殺害していった。イルグンは、イギリスが管轄する地中海に面したアッコの刑務所を占拠したこともあった。この刑務所があるアッコ城塞は、ナポレオンでさえも攻略できなかった堅牢なところだ。イギリスの委任統治の最後の日に、イルグンは現在のテルアビブに隣接するジャッファの大部分を占領した。

第二次世界大戦開戦直前にシュテルンは逮捕され、一九四〇年まで獄にあった。彼らの釈放とともに、イルグンの司令官のデヴィッド・ラツィエルはイギリスとの停戦と戦争継続中のイギリスへの協力を約束する。その背景には第二次世界大戦中にナチス・ドイツのユダヤ人弾圧が進んだこともあった。イルグンはイギリスに協力する姿勢を見せ、ルーマニア、ブルガリア、モロッコ、チュニジアなどでドイツ軍に関する情報をイギリス軍に提供してもいる。

しかし、シュテルンはこのイギリスに協力するようになったイルグンの方針に反対し、一九四〇年八月に「ロハメイ・ヘルート・イスラエル（イスラエルの自由のための戦士たち＝レヒ）」という分派組織を創設した。イギリスに対するテロをひたすら追求するレヒは、イギリスからは「シュテルン・ギャング」と呼ばれ、イギリスの警察官、兵士に対するテロを繰り返していった。イギリスのパレスチナ委任統治当局はシュテルンに懸賞金をかけて指名手配した。シュテルンはスーツケースの中に寝袋を入れ、テルアビブの隠れ家から隠れ家を渡り歩いたが、イギリスの治安部隊によってアパートで射殺された。

戦争が終わると、イルグンは再び反英闘争に乗り出した。一九四六年七月二二日にはエルサレムのキング・デーヴィッド・ホテルでの爆破事件を起こし、イギリス人、アラブ人、ユダヤ人など九一人を殺害した。また、四八年四月九日には、デイル・ヤースィン村で一〇〇人から一二〇人のアラブ人住民を虐殺した。イスラエル独立に至る過程で英米調査委員会は、イルグンを「テロ組織」と認定している。

イルグンの後継組織であるリクードは、一九七七年からイスラエルの政権に参加するようになった。八一年にイラクのオシラク原子炉を爆撃し、また八二年にレバノン侵攻を行ったメナヘム・ベギン首相は、一九四三年から四八年までイルグンの司令官で、キング・デーヴィッド・ホテル爆破事件やデイル・ヤースィン村虐殺事件の意思決定に関わった人物である。ベギンはポーランドでの反ナチ運動を指揮し、一九四三年にパレスチナに移住している。

ちなみに、世界一二〇ヵ国以上を訪問したイギリスのエリザベス女王がイスラエルを訪問することがなかったのは、パレスチナにおけるユダヤ人武装組織のイギリス委任統治当局に対するテロの記憶があったからだとも言われている。

女王は一九八四年にヨルダンを訪問した時、ヨルダンとイスラエルの境界であるヨルダン川沿いからパレスチナ人が住むヨルダン川西岸を望むとイスラエルの戦闘機が頭上を飛来した。女王は「なんて恐ろしい」とつぶやいた。またイスラエルの入植地が記されたヨルダン川西岸の地図を見ると、「憂鬱だわ」と述べたと言われている。

三大一神教が共生していたガザとそれでもパレスチナ人の排斥を考えるイスラエルの極右

イスラエルのヨアヴ・ガラント国防相（一九五八年生まれ、リクード）は二〇二三年一〇月九日、ガザ地区を「完全に包囲する」と述べ、さらに「電気、食料、水、ガスのすべてを止める」、「私たちは動物と戦っており、それに見合った行動を取っている」とも語った。ひどく人道に反した人種主義的な発言であり、これだけでも戦争犯罪に相当する言動だ。電気、食料、水、ガスを止められたら、病人、子ども、老人などの体力がない人々の健康を著しく害することになる。

また、同時にイスラエルの軍報道官がガザ住民に対してエジプトに逃れるよう呼びかけたことが報じられた。これらの報道のように、イスラエル極右はエレツ・イスラエル（現在のイスラエルとパレスチナを合わせた地域）から修正主義シオニズムの考えに従ってパレスチナ人を追放することを訴えている。イスラエルのスモトリッチ財務相は二〇二三年一二月三一日、パレスチナ自治区ガザ地区の戦後について、ユダヤ人の再入植を主張し、パレスチナ人にガザ地区の外への移住を奨励すべきだと主張した。

また、スモトリッチ財務相は二〇二三年三月一九日、パリで開かれたユダヤ人らの会合で「パレスチナ人など存在しない」、「歴史も文化もない」などと発言した。

ヒトラーは「なぜドイツがかくも衰退したのであろうか？　それは敵国とユダヤ人がドイツに対して仕掛けた世界大戦にまき込まれて、敗北したからである。ドイツ革命はユダヤ人と犯罪人との起こしたものだ。ヴェルサイユ条約はドイツを永遠に奴隷化するための機構だ」などと、ほとんどすべての演説で語っていた（村瀬興雄著『ナチズム――ドイツ保守主義の一系譜』中公新書、一九六八年、六八頁）。

ヒトラーもユダヤ人の歴史的存在を否定することはなかったが、スモトリッチは一つの民族の存在を否定している。

古代ギリシアの歴史家ヘロドトスはパレスチナに言及している。ガザは、ギリシア時代にはギリシア語で「ネアポリス（新しい都市）」と呼ばれていた。東ローマ帝国時代、パレスチナは三つの地域に分割され、住民の多くはクリスチャンで、ユダヤ人はガリラヤ地方に住んでいた。ユダヤ人はエルサレムに入ることを許されず、キリスト教徒はギリシア語とアラム語を話していた。六世紀の東ローマ帝国の歴史家・政治家のプロコピオスはカエサリア・マリティマ（海辺のカイサリアはカイサリア・パレスティナとも呼ばれた都市）出身で、彼自身がパレスチナ人だった。

七世紀にアラブ・ムスリムが中東の支配者となると、彼らもパレスチナ（アラビア語で「ファラスティーン」）という言葉を使うようになった。ムスリムが支配者になると、住民たちもイスラームに改宗するようになったが、クリスチャンの信仰を維持する者たちも少なからずいた。六三五年にアラブ勢力がガザを征服したが、ガザには預言者ムハンマドの曽祖父のハーシム・イブン・アブド・マナーフ（四六四～四九七年）の墓所があったり、イスラームの四つの正統な法学派の一つであるシャーフィイー学派の創始者であるシャーフィイー（七六七～八二〇年）の墓があったりする。ガザはイスラーム生誕以前よりメッカと取引があり、ムハンマドの曽祖父がガザで亡くなったのも、そうした通商に従事していたからだ。ガザは歴史的に見れば、この地域の豊かな通商拠点だった。ガザは地理的にエジプトとシリアを結ぶ隊商ルートの途上にあり、石鹸や綿を遊牧民（ベドウィン）などに売り、利益を得ていた。

ガザはローマ時代から、経済と文化の中心として栄え、五世紀の終わりまでには、キリスト教はガザでは主要な宗教となった。またユダヤ人コミュニティーもあって、イスラームが進出してもこの三宗教は共生していた。パレスチナをはじめとするレヴァント地方は、いわゆる「正統カリフ時代」（六三二～六六一年）、ウマイヤ朝（六六一～七五〇年）、アッバース朝（七五〇〜一二五八年）、サラディンによって創始されたアイユーブ朝（一一六九〜一二五〇年）によって支配され、これらの支配者は皆アラビア語を話した。

一〇世紀になると、歴史家たちは、ガザには大規模なモスクがあり、ワインヤードなど農地に囲まれた美しい街であったと記し、キリスト教もアシュケロン（現在のイスラエル南部の都市）のクリスチャンの教区に組み込まれて活動していた。

一一世紀の終わりになると、十字軍がやって来て、ガザを二世紀にわたって支配したが、ムスリム、十字軍、ユダヤ人は共生して暮らしていた。マムルーク朝（一二五〇〜一五一七年）支配の一四世紀にはガザでは競馬、マドラサ、モスク、ハーン（隊商宿）の建設が続々と見られるなど繁栄していた。

イスラームのオスマン帝国は一五一七年からこの地域を支配するようになり、オスマン帝国の旅行者エヴリヤ・チェレビは一六〇〇年代、パレスチナを訪問した際に、パレスチナの住民が、村落に住むアラビア語を話す農民であったことを記している。オスマン帝国の記録では、パレスチナ人口の二〇％が都市住民で、七〇％が農民、残りが牧畜民であったことを記している。

人口統計学者のジャスティン・マッカーサー（一九四五年生まれ）によれば、一八五〇年にパレスチナ（アラブ人）の人口は三四万人、それに対してユダヤ人は一万三〇〇〇人、一九〇〇年にはパレスチナ人は五八万六〇〇〇人、ユダヤ人は二万三〇〇〇人、一五年はパレスチナ人七二万二〇〇〇人、ユダヤ人三万八〇〇〇人、四六年にはパレスチナ人一九四万六〇〇〇人、ユダヤ人は六〇万二〇〇〇人となった。ユダヤ人人口が増加したのは、パレスチナにユダヤ人国家を創設するシオニズムの思想に従ってユダヤ人移民が増加したためである。

このように歴史的に見れば、ガザ地区をはじめとするパレスチナはイスラエルだけの領土とは決して言えないところで、そこの住民の命運をイスラエル政府が決定する正当な根拠はない。

強硬な発言を続けるイスラエルの財務相とシオニズムを否定するユダヤ人の良識

二〇二三年三月一日、イスラエルのスモトリッチ財務相がヨルダン川西岸のパレスチナ自治区のフワーラ村（人口七〇〇〇人）を「消滅させる必要がある」と発言した。こうした発言の背景にはこれまで述べてきた修正シオニズムの考えが背景の一つにあることは間違いない。

イスラエル国家建設の土台となったシオニズム思想とは、敵は完全に抹殺しなければならないという一種の終末論的見解をもつもので、スターリン主義やナチズムとも同様であると説いたのは、ホロコースト生存者のハージョ・マイヤー博士（一九二四〜二〇一四年）だった。彼はオランダの物理学者で、アウシュヴィッツ強制収容所での体験があり、晩年は反シオニズムの運動に従事した。

マイヤー博士は、世俗的なドイツ・ユダヤ人の弁護士の家庭に生まれ、一九三八年一一月に発生したナチス・ドイツによるユダヤ人排斥暴動「水晶の夜」後にドイツの学校で学ぶことを許されなくなり、オランダの難民キャンプでの生活を余儀なくされた。四四年にナチス・ドイツに拘束され、一〇ヵ月間アウシュヴィッツ強制収容所での過酷な生活を送った。父親はチェコのテレージエンシュタット強制収容所で病没し、また母親はアウシュヴィッツで自死した。

戦後はフィリップス電気に雇用され、フィリップス物理学研究所の所長となった。晩年は「国際ユダヤ人反シオニスト・ネットワーク（International Jewish Anti-Zionist Network: IJAN）」のメンバーとなり、平和運動組織「多様なユダヤの声」の幹部となった。また、イスラエルが「ホロコースト」をパレスチナ人に対する犯罪を正当化するために利用していると非難するようになった。二〇一〇年にイギリス労働党のジェレミー・コービンから依頼を受けた講演会では、空爆などイスラエルのガザの人々に対する軍事行動をホロコーストにおけるユダヤ人の大量殺害にたとえた。

二〇一〇年一月二三日、スコットランド・エジンバラのオーガスティン統一教会の講演会で彼自身のシオニズム観を次のように説明している（抄訳）。

イスラエルのシオニズムとは、敵は完全に抹殺しなければならないという一種の終末論的見解をもつもので、スターリン主義やナチズムとも同様な見解だ。二〇〇九年九月、イスラエルのネタニヤフ首相はイランを攻撃する戦争の口実としてホロコーストを引き合いに出したが、アウシュヴィッツの強制収容所の犠牲者でシオニズムに共感をもつ者はほとんどいなかったし、また自分が育ったドイツでもシオニズムを支持する者は非常に少なかった。シオニズムはホロコースト犠牲者を代弁するイデオロギーではまったくない。

ユダヤ教とシオニズムは旧約聖書の教えにルーツをもつが、ユダヤ教は宗教であり、シオニズムはイデオロギーである。ユダヤ教はすべての人間は平等であるというヒューマニズムに基づき、それゆえにアメリカやイギリスでも多くの信徒たちが存在する。しかし、他方、シオニズムは外国人嫌い、ナショナリズム、植民地主義、人種差別主義の性格をもっている（「SACC〈Scotland Against Criminalising Communities〉」、https://www.sacc.org.uk/articles/2020/never-again-anyone-hajo-meyer）。

イスラエルには良識がある人々も少なからずいて、二〇二三年三月三日には、イスラエル国内でフワーラ村の住民たちへの暴力の停止を求め、フワーラ村と連帯する抗議デモが発生した。イスラエルでは、二〇二二年末に成立したネタニヤフ政権の極右的、人種主義的、非民主主義的傾向に反感をもつ傾向も一部では根強くある。ネタニヤフ政権は成立すると、司法制度改革で、国会の過半数で最高裁の決定を覆すことができるとする「オーバーライド条項」を提出し、多くの国民の反発を招くようになった。しかし、ネタニヤフ首相の非民主主義的な政治姿勢を批判する国民たちも概してパレスチナ人の生活ぶりとか、彼らに対する人権侵害といった問題には強い関心はない。

アメリカ・バイデン政権は二〇二一年五月にイスラエルへの七億三五〇〇万ドル相当の武器売却を発表したが、そのほとんどが精密誘導ミサイルだった。こうした精密誘導ミサイルがパレスチナのガザ攻撃などに用いられたことは明らかで、スモトリッチ財務相のような容易にパレスチナ人を攻撃、殺害するという発想を手助けすることにもなる。アメリカのイスラエル支援の姿勢もまたパレスチナ和平やパレスチナ人の人権を軽視するもので、アメリカ政府にはスモトリッチの発言を重大なものとしてとらえ、イスラエルへの武器売却に慎重になる姿勢はほとんど見られない。

ハンナ・アーレントの修正シオニズムへの厳しい評価

ドイツ出身のユダヤ人哲学者ハンナ・アーレント（一九〇六〜七五年）は、「悪の凡庸さ」という言葉を使って平凡な人間が行う悪こそ世界最大の悪だと説いた。考えることを放棄することによって、誰もがユダヤ人虐殺に加担したナチス親衛隊将校のアドルフ・アイヒマン（一九〇六〜六二年）のような人間になってしまうと彼女は考えた。アイヒマンは思考することができない官僚であり、ユダヤ人絶滅という機械の歯車の一つにすぎなかった。彼女は、当時のイスラエル首相のデヴィッド・ベングリオンがアイヒマン裁判を、シオニズムを宣伝する手段として利用していると考えた。

アーレントは一九三三年にナチス政権の反ユダヤ主義政策を調査したことで逮捕され、八日間拘束された。ナチス政権下で身の危険を感じた彼女はドイツを離れ、パリを生活拠点とする。そこでシオニストのグループと接触をもった。シオニストの組織に参加することはなかったものの、パレスチナへの移住とユダヤ人国家を建設することがナチスのユダヤ人攻撃への必然的な対応とも考えていた。

一九四一年にアメリカに移住し、シオニズムに共感を寄せる論文を書いたこともあったが、「修正シオニズム」の指導者ウラジミール・ジャボチンスキーをアメリカで支持するピーター・バーグソンが軍事組織「国をもたないユダヤ人、パレスチナ・ユダヤ人委員会」を立ち上げ、アメリカの下院議員などにロビー活動を行うようになると、軍事力に訴えるバーグソンなどを「ユダヤ人ファシスト」と呼ぶようになった。

アーレントはアラブ人との合意なしにパレスチナのユダヤ人国家は生存できないと考え、シオニスト政党への批判を強めていった。パレスチナへの植民を進めるハイム・ワイツマン（初代イスラエル大統領となった人物）はイギリス帝国主義の下僕であり、ユダヤ人の領域から異民族を徹底的に排除することを考える修正主義者たちは「ファシスト」であると見なすようになった。

第二次世界大戦以前、アメリカではシオニズムがユダヤ人の間で主流のイデオロギーになることはなかった。シオニズムはアメリカとは異なる国家への「忠誠」をユダヤ人の間に求めることになるからだ。第二次世界大戦後、アーレントは、シオニストの指導者たちは植民地主義を追求し、またシオニズムを「血（兵士）」と「土（領土）」によるナショナリズムであると訴えるようになった。

一九四八年にイスラエルのヘルート党（修正シオニズムに基づく政党）の党首メナヘム・ベギンが党の活動資金調達のために訪米すると、アーレントは物理学者のアインシュタインなどと共に「ニューヨーク・タイムズ」に意見広告を出し、「今日、ヘルートは自由、民主主義、反帝国主義を説くが、つい最近まではファシスト国家のイデオロギーを公然と喧伝していた。その手段はテロリズムと虚偽の宣伝であり、イスラエルが覇権国家になることがその目的である」と訴えた。

アーレントが「ファシスト」と呼んだ「修正主義者」たちは現在、占領地でパレスチナ人の住宅を襲撃し、イスラエル国内のパレスチナ人にテロを行い、パレスチナ人とイスラエルの緊張の種を蒔き続けている。まさにアーレントが予見し、危惧したような事態となっている（「ＣＩＴＹ ＪＯＵＲＮＡＬ」、https://www.city-journal.org/article/hannah-arendt-and-the-origins-of-israelophobia）。

アーレントは、ユダヤ人が自分たちを排除した国民国家の原理で国家を建設すれば、今度は自分たちが他民族を排除する側に回ってしまうと説いた。ユダヤ人がパレスチナに自らの国家を建設するならば、アラブ難民というかつての自分たちと同じ故郷喪失者を生み出すことになると予言していた。また、イスラエルのユダヤ人たちが隣人であるアラブ人を敵視することになったら、敵対する民族に取り囲まれて暮らし、少数民族や他国の国民に対して抑圧的・排他的になっていくだろうとも予見していた。そうなれば、イスラエル人は古代スパルタ人のように、兵士種族になるほかないし、世界中のほかのユダヤ人からも孤立することになるだろうと警鐘を鳴らした。

イスラエルの平和主義者アモス・オズは修正シオニズムをどう見たか

イスラエルにはネタニヤフ首相のような修正シオニストばかりでなく、パレスチナとの共存を考える人々もいる。イスラエルの著名な作家で、平和活動家でもあったアモス・オズ（一九三九～二〇一八年）は、共通の「抑圧者」という「親（＝イギリス）」をもちながらも、イスラエルとパレスチナは信頼し合うことができず、イギリスに対してかつてもった不信や反発の目を相互にもち合うようになったと考えた。そうした両者の憎悪や敵対を乗り越え、共存していくことを彼は望んだ。オズはキブツ（集団農場）での社会主義的な生活にあこがれ、労働シオニズムに傾倒していった。労働シオニズムは、社会主義思想に基づくイスラエル労働党のイデオロギーで、修正シオニズムとともに、シオニズムを構成する二大潮流のうちの一つである。また、キブツで生活していた一〇代の時に、姓を「クラウスナー」からヘブライ語で「勇敢・力」を意味する「オズ」に改名した。彼にとって「勇敢・力」とはパレスチナ人と平和に共存していくことを目指していくことであったに違いない。

オズは、一九三九年にエルサレムでロシアとポーランドから移住してきた両親の間に生まれ、徴兵制のあるイスラエルで第三次、第四次の二度の中東戦争を戦ったが、一九六七年の第三次中東戦争でイスラエルがヨルダン川西岸、ガザ、東エルサレムを占領すると、イスラエル軍の撤退とパレスチナとの二国家共存を訴えるようになった。現在のネタニヤフ政権やイスラエルの極右にあるようなパレスチナ問題の一国家による解決を一貫して否定し、宗教や民族性だけでなく、ヒューマンなユダヤ人の文化によって定義されるイスラエル国家の実現を望んだ。

一九七八年に、イスラエルの平和団体である「ピース・ナウ」の創設に加わり、エジプトとの和平を支持した。二〇〇一年にアメリカで九・一一同時多発テロが発生すると、アラブ・ムスリムの原理主義が多大な犠牲をもたらしたことによって、キリスト教やユダヤ教の過激主義に無頓着になりがちになると警鐘を鳴らした。

「狂信主義はイスラームより、キリスト教より、ユダヤ教より古い。どんな国や政府よりも古いし、どんな政治形態、どんなイデオロギーや信念よりも古くからこの世にあります。悲しいかな、狂信主義は人間の本性につねに備わっている成分、いわば悪い遺伝子なのです。」（アモス・オズ著、村田靖子訳『わたしたちが正しい場所に花は咲かない』大月書店、二〇一〇年）と述べたが、イスラエルの悪い遺伝子はネタニヤフ政権の極右閣僚たちの「パレスチナ人は存在しない」、「パレスチナ人を殺害することはイスラエル政府の義務である」などの発言となって、いっそう深刻なものになっている。

アメリカの俳優ナタリー・ポートマンは、二〇〇二年に発表されたアモス・オズの「愛と闇の物語」を一五年に映画化したが、アモス・オズが数え切れないほどの美、愛、また平和へのビジョンをもたらしてくれたと語り、オズが亡くなると、その死を心が折れるほどの哀しみであると述べた。

二〇一八年四月、ポートマンはヒューマニティーに貢献したユダヤ人に贈られる、イスラエルのジェネシス賞の受賞を辞退した。授賞式は同年六月に行われる予定だった。賞はポートマンが女性の権利擁護に活動したことに対する評価だったが、ポートマンの代理人は、彼女が当時イスラエルで発生している事件に困惑し、イスラエルの公式行事に出席することに心苦しさを感じていると述べた。つまり、イスラエルに赴き、賞を受賞することは彼女の良心が許さないということだった。

ポートマンの反発は、イスラエル軍がガザ・イスラエル境界におけるパレスチナ人の帰還を求めるデモに対して発砲し、非武装のパレスチナ人が犠牲になったことに対するもので、彼女の抗議の意思が込められていた。ポートマンはユダヤ人で、三歳の時にイスラエルを離れてアメリカに移住した。アメリカのユダヤ人にはリベラルな発想をする人が多く、現在のイスラエルで極右が政権の中枢にいることとは、正反対の状態になっている。

二〇〇八年六月に京都大学で講演したフランスのドミニク・ドヴィルパン元首相は少数

言語に対する理解を求め、「言葉の渡し守（渡し船の船頭）は平和の渡し守でもある」と語り、翻訳と詩を世界の平和と対話に不可欠なものだとし、代表的な詩人として先に紹介したイスラエルのアモス・オズとパレスチナの詩人マフムード・ダルウィーシュ（一九四一～二〇〇八年）の名前を挙げた（「京都大学新聞」、https://www.kyoto-up.org/archives/385）。

平和であるためにつくられ、一度も平和を見ていない土地に平和を
——マフムード・ダルウィーシュ

入植地拡大を追求するイスラエル

毎年三月三〇日はパレスチナの「土地の日」だ。一九七六年のこの日、パレスチナ人の土地接収に抗議する人々にイスラエル警察が発砲し、六人が犠牲になり、およそ一〇〇人が負傷した。この出来事から、イスラエルによる土地接収や占領地の入植地拡大にあらためて抗議する日である。

トランプ政権時代に国務長官だったマイク・ポンペオは、二〇二三年二月、イスラエルが占領するパレスチナの土地はユダヤ人たちが聖書の時代から領有権をもっており、自分が聖書を読んでユダヤの土地であることを確信していると述べた。彼は、パレスチナ問題

の二国家解決を否定している。

トランプ政権時代の閣僚たちは、やはり出馬を表明しているヘイリー元国連大使もそうだが、いずれもタカ派的傾向をもち、トランプ大統領のように軽々しく虚偽の歴史を口にする歴史修正主義的傾向があった。

ポンペオはトランプ政権がパレスチナ和平を実現したことを誇ったが、国連によればトランプ政権時代の四年間、五三六人のパレスチナ人が射殺され、五万七九〇九人が負傷した。同時に四〇人のイスラエル人が殺害されて、四九〇人が負傷した。これのどこに「平和」があったというのだろうか。

トランプ政権は、イスラエルの右派勢力の要求を満たすかのように、イスラエルが占領するシリアのゴラン高原にイスラエルの主権を認め、やはり占領地であるエルサレムにアメリカ大使館を置き、エルサレムがイスラエルの首都であることを認めた。国連憲章では、武力による土地併合は認められないのに、国連安全保障理事会の常任理事国であるアメリカが武力による領土併合を認めた。これではアメリカにはロシアによるウクライナのクリミア半島や東部地域併合を非難する資格などない。

ユダヤ教の唯一の「聖書」（タナハ）である『旧約聖書』「イザヤ書」二章四節は、

主は国々の争いを裁き、多くの民を戒められる。
彼らは剣を打ち直して鋤とし
槍を打ち直して鎌とする。
国は国に向かって剣を上げず
もはや戦うことを学ばない。

というもので、ニューヨーク国連ビルの礎石に刻まれている。
イスラエルのネタニヤフ政権の中にいる極右勢力はこの言葉を忘れているかのようだ。ベングビール国家治安相は、ヨルダン川西岸の違法な入植地に住む極右勢力に武装させることまで提唱している。

修正シオニズムの思想はユダヤ人を迫害したナチズムのイデオロギーによく似通っている。二〇一七年一二月二一日に国連総会で行われた、エルサレムをイスラエルの首都と認めたアメリカ・トランプ前大統領の決定に反対する決議案の審議は、賛成一二八、反対九、棄権三五という結果だった。世界がいかにトランプ前大統領の主張を信頼していないかを表すことになった。トランプ政権は賛成票を投じた国に援助を削減すると脅しをかけたが、アメリカからの最大の被援助国であるアフガニスタンや被援助額では第六位のパキスタンもトランプにNOをつきつけた。

投票に先立って、イスラエルのダニー・ダノン国連大使は、エルサレムを首都とするイスラエルの立場の正当性を説明する演説を行った。

ダノン大使は、エルサレムは三〇〇〇年前にダビデ王がユダヤ人の都市としたことを強調したが、世界中の国を見渡しても古代史に領土の正当性を求めるのはイスラエルぐらいのものだろう。また、ダビデ王は実在の人物であるかも実証されていない。

ナチス・ドイツのヒトラーは、第三帝国と称して神聖ローマ帝国領の復活を実現し、オーストリア併合を行い、領土拡張主義を追求したが、神聖ローマ帝国は一八〇六年まで継続した国家であり、ダノン大使が引き合いに出した三〇〇〇年前という歴史よりはるかに近い過去だ。ヒトラーは「民族自決主義」をもち出して、ドイツ民族の子孫と考えられる人々すべてを統一しようとした。そして、ドイツがポーランドや他のスラブ系民族の国や地域を軍事的に征服して、経済的に自存できる、軍事的にも動じない十分な領土を獲得することを目指した。この領域においてはドイツ民族が「主の民族（Herrenvolk）」であり、従属する人々を下に見るヒエラルキーのトップに位置する。そして彼らを無慈悲に、効果的に搾取する。神聖ローマ帝国は現在のドイツ、オーストリア、チェコ、イタリア北部を中心に存在した国家で、ドイツ語が話され、公文書などはラテン語で記されていた。主の民族と従属する民族の関係、ナチズムとシオニズムはよく似通うイデオロギーだ。

パレスチナ問題の種を蒔いたのはイギリス帝国主義だが、一九三六年六月一三日、その年の四月に発生した「アラブの反乱」を受けて、イギリス帝国主義からの独立を目指していたインドのネルー（一八八九〜一九六四年）は、パレスチナ問題を次のように観察、発言していた。

第一次世界大戦中、また戦後の歴史的展開はイギリス帝国主義のアラブに対する裏切りを示している。アラブに対してイギリスのロレンス大佐（T・E・ロレンス〔「アラビアのロレンス」として知られる〕）やその他の政府・軍関係者たちから多くの約束がアラブに対して行われたが、それはアラブがイギリスや連合軍に協力したからだった。しかし、それらの約束はイギリスによってことごとく無視された。シリア、イラク、トランスヨルダン、パレスチナのすべてのアラブ人は、イギリスの裏切りで苦悩したが、パレスチナのアラブ人の立場は間違いなくすべてのアラブ人の中で最悪だった。（中略）ユダヤ人が賢明ならば、歴史の教訓を受け容れ、アラブと友好的になり、パレスチナ独立に力を尽くし、イギリス帝国主義の助けによって利益を得たり、優位に立ったりしようとはしないだろう。

（「ナショナル・ヘラルド・インディア」一九三六年六月一三日）

ネルーはユダヤ人（シオニスト）が賢明ならば、アラブ人との宥和の道を選択するだろうと述べたが、現在のイスラエルはそれとは真逆に、アメリカの支援によってパレスチナ独立を認めないなど、パレスチナ人を排除する姿勢を見せている。アメリカのイスラエルへの支援がある限り、イスラエルの国際法違反の行為、パレスチナ人への差別政策が変わることはないように見える。しかし、それはネルーが語った歴史の教訓に逆行するもので、イスラエルはパレスチナ人との対立や暴力という負の連鎖から脱却できず、国際社会からの敬意も得ることができず、有形無形の不利益がイスラエル国民に及ぶに違いない。

ナチス・ドイツに協力した修正シオニストたち

二〇二三年五月に公開されたイスラエル国立公文書館の資料によって、シオニストの民兵組織がイギリスの委任統治当局と戦うために、ナチス・ドイツと同盟しようとしていたことが明らかになった。イスラエルのリベラル系「ハアレツ」紙は、シオニスト民兵組織のナチスとの「暗黒の章」と形容している。言うまでもなく、ナチス・ドイツは第二次世界大戦中に六〇〇万人のユダヤ人を虐殺するというホロコーストを行った当事者である。

ネタニヤフ首相などのイスラエルの歴史修正主義者たちは、パレスチナの宗教指導者のアミーン・アル・フサイニー（一八九五〜一九七四年）が、ヒトラーにユダヤ人を虐殺するよう提案したと主張している。二〇一五年の世界シオニスト会議でも、ネタニヤフ首相は「ヒトラーはユダヤ人を絶滅することを望んでいなかった。ユダヤ人を追放したかっただけだ。かりにユダヤ人を追放すれば、彼らはすべてパレスチナにやってくるとフサイニーはヒトラーに言った」と発言している。

つまり、パレスチナにユダヤ人がやってくる前に虐殺してほしいと、フサイニーがヒトラーに求めたということをネタニヤフ首相らは言っているのだ。ヒトラーは確かにフサイニーに会ったが、それはユダヤ人に関する「最終的解決」のプロセスがすでに始まった後だったと、バルイラン大学（イスラエル・ラマト・ガンにある大学）ホロコースト研究所所長ダン・ミッチマン教授は述べている。

公文書館が明らかにしたのは、修正シオニズムの地下軍事組織「レヒ」のメンバーだった、エフレイム・ゼトラーに対するハガーナ（同様にシオニストの軍事組織）の戦士たちによる一九四二年の尋問記録だ。レヒはすでに述べた通り、修正シオニストだったアブラハム・シュテルンが創設した組織だ。この記録によれば、ゼトラーは「イスラエル王国創設を支援するならば、ドイツと協力する用意がある」と述べている。一九四三年時点で、シオニストの武装組織の最大の敵はイギリスであり、ロンドンにテロリストの細胞を送ろうとしていた。イギリスのクレメント・アトリー首相（一八八三～一九六七年）はシオニストのテロリストの暗殺の標的だった。

「ハアレツ」紙によれば、ゼトラーの尋問はユダヤ人に対する「最終的解決＝絶滅」を決定したナチス・ドイツのヴァンゼー会議の二週間後に行われている。レヒはドイツ側に立って参戦する用意があることを明らかにし、その国家観はナチス・ドイツと同様に全体主義による統治を考えていた。「ハアレツ」の記事は、シオニストがナチス・ドイツと連携しようとしていたのは、理解不能であり、イスラエルの恥ずべき歴史だと述べている。

レヒはイギリスよりもナチス・ドイツに親近感をもち、ナチスにユダヤ人のパレスチナへの移住を促すよう働きかけを行っていた。アブラハム・シュテルンは、ユダヤ人至上の世界観をもつ民族主義的で、かつ自らの考えを絶対とする全体主義的な原理で、パレスチナにユダヤ人国家を創設することを考えていた。

イギリスの治安部隊によって殺害されたシュテルンは過激な思想と行動の持ち主だったが、イスラエルではシュテルンの記念日が設けられ、また一九七八年には彼の肖像画の切手も発行されるなど、国民的な英雄とされている。

イスラエルの「人権のためのラビ（ユダヤ教の宗教指導者、律法学者）」の代表であるラビ・アリク・アッシャーマンは、ハマスの攻撃があった二〇二三年一〇月以降、ヨルダン川西岸のタイベ村郊外でオリーブの実を収穫するパレスチナ人農業従事者たちを、イスラエルの極右入植者たちの襲撃から守っている。ハマスの攻撃があって以来、イスラエルの入植者たちは政府が支給する武器などでパレスチナ人コミュニティーを襲撃するようになった。同じ「人権のためのラビ」に所属するメンバーは「入植者たちが新たな戦線を開こうとしているとしか思えない」と語るほどだ。

アッシャーマンは、ジョン・レノンの「想像してごらん　国なんてないんだと　そんなに難しくないでしょう？　殺す理由も死ぬ理由もなくそして宗教もない」という「イマジン」の一節をとらえて、「ジョン・レノンは正しかった」と語ったこともあった（https://www.noozilla.com/news/52707631/）。アッシャーマンはイスラエルの「非ユダヤ人に対する振る舞い方を、神と私たちの宗教に掛けて反省する」、「ユダヤ教の名において人々に対する扱いを間違うなら、それは神の名を傷つける」とも語る。彼は常々、ラビたちが中東和平を主導していくべきことを説いている（「クリスチャントゥデイ」、https://www.christianto day.co.jp/articles/4204/20091005/news.htm）。

多くの紛争や暴力は、宗教を一つの要因とするナショナリズムのイデオロギーの下に起こされてきた。宗教そのものが紛争を起こすわけではない。アッシャーマンは、ジョン・

レノンの「イマジン」の歌詞から、宗教を中心に据えるナショナリズムに訴えるイスラエル国家の行き過ぎを戒めた。パレスチナ人に対する暴力をいとわないイスラエル国内の極右を説得する役割をラビが担わなければならないとアッシャーマンは訴えている。

平和は私たちの自覚や行動で創造するものであり、日々声を上げて何らかの行動をしなければならないことをジョン・レノンも語っている。

平和はあなたが望むものではありません。それはあなたがつくるもの、あなたがすること、またあなた自身であり、そしてあなたが与えるものです。

Peace is not something you wish for; It's something you make, something you do, something you are, and something you give away.

平和にチャンスを与えてください。

All we are saying is give peace a chance.-

――ジョン・レノン

パレスチナ和平を訴えるオリーブの木

パレスチナなど中東地域で生育されてきたオリーブの木は世界平和のシンボルとされ、グレコ・ローマン時代から神話の中でも語られるほど伝統のある農産物である。

オリーブはパレスチナ人の農民たちにとって重要な経済手段であり、オリーブ油、オリーブ石鹼、あるいは木材などの原材料となる。パレスチナではオリーブは輸出品目のうち二番目で、果実全体の収入の四〇%を占める。オリーブの樹齢は平均で四〇〇年、さらには七〇〇年も一〇〇〇年も生き延びるものもある。パレスチナではオリーブの木は四〇〇〇年もの間、生産されてきたと見られている。パレスチナ人はオリーブの木と彼らの土地を一体視し、自らのシンボルと考えてきた。オリーブはパレスチナ人の絵画や、本の表紙のデザイン、ロゴなどに用いられている。イスラエルの極右が行うようなオリーブの木の伐採は歪んだナショナリズム意識によって行われ、パレスチナ人の民族的誇りを奪うものだ。「コーラン（クルアーン）」や「トーラー（ユダヤ教の聖書）」でも、オリーブは平和、人々の営み、豊饒の象徴として描かれている。

ジョン・レノンが作詞・作曲した歌に「Give Peace A Chance 平和を我らに」があるが、その歌詞は、

Ev'rybody's talking 'bout Bagism, Shagism, Dragism, Madism, Ragism, Tagism This-ism, that-ism, is-m, is-m, is-m
All we are saying is give peace a chance' All we are saying is give peace a chance

みんなが話している バギズム シャギズム ドラギズム マディズム ラギズム タギズム
これイズム あれイズム イズム イズムについて
私たちが言いたいのは「平和にチャンスを与えてくれ（平和を我らに）」ということだけ
私たちが言いたいのは「平和にチャンスを与えてくれ（平和を我らに）」ということだけ

である。

ナショナリズムであるシオニズムは、パレスチナ和平に肯定的に機能せず、極端なシオニズムに固執する入植者たちは和平への重大な障害になっている。

第三章

アメリカで生まれた「ユダヤのナチズム」と形容されるカハネ主義

ヨルダン川西岸にあるヘブロン「マクペラの洞窟」(筆者撮影)

イスラエルで特に暴力をふるう極右主義の発展は、アメリカ・ニューヨーク出身のラビであったメイル・カハネ（一九三二〜九〇年）のイデオロギーを背景としている。カハネ主義は、直前まで述べてきた修正シオニズムを土台に発展したもので、いっそう明確にパレスチナ人のエレツ・イスラエル（現在のイスラエルとパレスチナを合わせた地域）からの排除を力ずくで目指す考えだ。それが国際社会の基準から見れば冷血で、残酷とも思えるガザ攻撃となって表れる極端な思想だ。

ネタニヤフ政権のベングビール国家治安相は、イスラエルでも禁止されてきた極右のカハネ思想の信奉者であり、自宅のリビング・ルームには、一九九四年にヘブロンのイブラーヒーム・モスク（マクペラの洞窟）で二九人のパレスチナ人を殺害したバールーフ・ゴールドシュテインの写真を掲げていた。また、九五年に暗殺されたイツハク・ラビン元首相が所有していたキャデラックのエンブレムを盗んだ後で、「次はラビンの命を奪うだろう」と語ったこともある。このようにテロリズムを支持してきたベングビールがネタニヤフ政権では国家治安担当の最高責任者となっている。

ゴールドシュテインが属していた過激派「カハ」は、パレスチナ全土がイスラエルの領土となるべきだと考えており、イスラエル・パレスチナの二国家共存を唱えるオスロ合意とは、根本的に相いれないものだ。オスロ合意が成立した一九九三年の翌年にゴールドシュテインは銃乱射事件を起こしたが、事件はゴールドシュテインのオスロ合意へのいら立ちや不満に要因があった。事件の起きた九四年からパレスチナ人の自治が始まり、その年にゴールドシュテインはパレスチナ人を虐殺したことになる。

イスラエルでナチス・イデオロギー＝カハネ主義者が与党に

二〇二二年一一月のイスラエル総選挙では、極右の二政党「宗教シオニズム党」と「ユダヤの力」が極右の共同選挙名簿「宗教シオニズム」をつくり、一四議席を獲得し、翌月成立したネタニヤフ新政権に参加した。

イスラエルの極右勢力を支持するのはイスラエルの周縁部分の、社会・経済インフラが整備されていない貧しい地域に住む人々が多く、そういう意味でも彼らよりも下の生活状態を余儀なくされるイスラエル国内のアラブ人やパレスチナ占領地のアラブ人たちの存在は、彼らにある種の優越感を与えることになっている。

二〇二二年一一月一日に行われた総選挙の結果も、イスラエル政治で強まる人種主義的傾向をいっそう表すことになった。「ユダヤの力」のベングビール党首は国家治安相となり、イスラエル国内のアラブ系イスラエル人からイスラエルの市民権を剝奪して、イスラエル国家への忠誠が見られないと判断された場合にはイスラエルから追放するという民族浄化措置を提唱している。ベングビールは、アラブ系イスラエル人の国会議員を「第五列（スパイ）」と形容し、アラブ系イスラエル人の放逐を奨励する担当省を設立したいとも述べたことがある。

ヨルダン川西岸のユダヤ人入植地を拡大しようとする極右ユダヤ人入植者たちの「レハヴァ（Lehava、ヘブライ語で「火炎」の意味）」という組織は、パレスチナ人やイスラエルのリベラル勢力を攻撃し、ユダヤ人の「尊厳」を取り戻すことを訴えている。この組織はユダヤ人とイスラエル国内の非ユダヤ人の交流に反対し、イスラエルにおけるキリスト教の存在や活動をも否定する。この運動はベングビールの影響を受けてきた。レハヴァをはじめイスラエルの極右入植者たちは、エレツ・イスラエル（現在のイスラエルとパレスチナを合わせた地域）からのアラブ人（パレスチナ人）の追放を訴えたメイル・カハネの極右思想を信奉する。

二〇二一年五月、ドイツ政府はイスラエルによる入植地の拡大は国際法に違反するものであり、パレスチナ問題の二国家解決の障害であると非難した。また、日本政府も外務省のサイトなどで、イスラエルの入植地拡大に遺憾の意を再三表明している。極右を含むイスラエルの右派政権はいっそうの入植地拡大を目指す可能性が高く、パレスチナ人との二国家共存など眼中にまったくない。極右入植者の意向に応えるイスラエルの入植地拡大はパレスチナ人の土地や権利を奪うものであり、イスラエルで人種主義のイデオロギーをもつ政党が政権与党になり、そのタカ派的外交も含めて国際社会はさらなる警戒感をもたなければならなくなった。

カハネは、一九三二年八月一日にニューヨークのブルックリンで生まれた。彼の父チャールズ・カハネは、ユダヤ教のラビ（律法学者）で、修正主義シオニストであり、そのイデオロギーの提唱者だったウラジミール・ジャボチンスキーとは親友だった。カハネは高校卒業後、ブルックリンの「ミール・イェシヴァ」というシナゴーグに通った。このシナゴーグにはナチス・ドイツのソ連侵攻から逃れて、日本の神戸を経由してニューヨークに渡った人々が集まっていた。

カハネは、一九六八年五月に戦闘的なユダヤ人組織である「ユダヤ人防衛連盟（JDL）」を創設し、ホロコーストを意識して「再び繰り返すな！」というスローガンの下に支持者を獲得していく。カハネは、ホロコーストの苦い記憶を確認することに躍起となって、当時のアメリカのユダヤ人指導者たちが、ホロコーストの過去について積極的に関わろうとしないと批判するようになった。

また、このJDLは、武装したユダヤ人の青年たちをユダヤ人居住区に隣接するニューヨークの黒人街に送り込み、パトロールさせた。貧しい年老いたユダヤ人たちが、黒人の犯罪者たちの脅威にさらされていると考えたのだ。同時に、カハネは、ユダヤ人がホロコーストによって植えつけられた「弱者」のイメージを、暴虐に立ち向かう「力強い戦士」のそれへと変えることを望んでいた。こうしたJDLの活動が、ニューヨークのユダヤ人と黒人コミュニティーの対立を助長するものであったことは間違いない。

一九六九年になると、JDLはソ連でユダヤ人が迫害されていることを訴え、アメリカに駐在するソ連の外交官たちに非難や抗議のシュプレヒコールを浴びせるようになり、暴力的で、非合法な活動を行っていく。七〇年一月にブルックリンで開かれたモスクワ・フィルハーモニック・オーケストラのコンサートを妨害し、さらに同じ年の六月にはソ連の貿易会社アムトルクを襲撃、およそ三〇人のメンバーが逮捕されるなど、JDLはソ連関連の人物、施設、活動に対する暴力的行為を繰り返していった。冷戦時代、ソ連との無用な緊張や軋轢を好まなかったアメリカ政府はカハネたちの行動に神経を尖らすようになっていた。

JDLはニューヨーク、フィラデルフィア、ボストンなど大都市で活動を行い、「ソ連のユダヤ人を救え!」というスローガンをもち、ソ連のユダヤ人のアメリカへの移住を支援する活動も行っていた。さらに、武道、護身術、銃の撃ち方を教えるサマーキャンプ「キャンプ・ジェデル」を設立した。

一九七〇年代には、ＪＤＬの活動は活発になり、ユダヤ人の誇りに訴え、ユダヤ人を犯罪から守るという主張は支持を集めるようになった。ＪＤＬは武装闘争も視野に入れ、無許可で州を越えた武器や爆発物を違法に輸送したことがあった。これがＪ・エドガー・フーバーなどＦＢＩの追及を受けることになり、ＪＤＬは武器密輸と爆発物の所持によって起訴され、組織は弱体化することになった。そんな中、メイル・カハネは七一年九月にイスラエルに渡ることになった。

一九七五年、彼は仮釈放違反で刑を服役するためにアメリカにいったん戻り、ペンシルヴァニア州アレンウッドの連邦刑務所で一年間過ごし、刑務所内でコーシャ食品（ユダヤ教の教義で許された食品）を要求する運動などを行って成功を収めた。

再びイスラエルに渡航し、極右政党である「カハ党」を設立し、カハ党は一九八四年七月の総選挙で二万六〇〇〇票を集めて一議席を得て、メイル・カハネは国会（クネセト）議員になった。カハネとその支持者たちは、選挙の翌日エルサレムの嘆きの壁まで勝利の行進を行い、その行進では意図的にエルサレム旧市街のアラブ人地区を通り、商店街で野菜を乗せた台をひっくり返したり、アラブ人の通行人を殴ったりした。また、「アラブ人がエレツ・イスラエル（イスラエル領と占領地、さらにヨルダン川東岸まで含む地域）に居住する日々が終わることが近い」と叫びながら行進した。

カハネは、執拗にアラブ人（パレスチナ人）をエレツ・イスラエルから追放することを訴えていく。彼は、イスラエルはその市民権をユダヤ人だけに限定すべきで、公的生活においては、ユダヤ法（ハラハ）を採用すべきと説いた。また、イスラエル政府はユダヤの宗教法を採用し、豚の売買の禁止、イスラエルにおけるキリスト教の伝道活動の禁止、ユダヤ人と非ユダヤ人の通婚を認めないことなどを主張した。カハネの支持者たちは、ユダヤの律法である「トーラー（旧約聖書の最初の五つの書）」を守り、ユダヤ人以外の民族を徹底的に排斥することが、ユダヤ国家の統合を促進、強化するものだと考えた。

こうしたカハネの主張は、二〇二二年三月にイスラエルがヨルダン川西岸やガザ出身者との通婚を禁止したり、「ユダヤの力」などの極右政党がイスラエルからのアラブ人追放を唱えることに通じている。イスラエルではカハネ思想が次第に政治や社会の主流となっていることがわかる。

カハネ思想は、現在ではイスラエル政治の主流を占めるようになったが、一九八八年の総選挙の前に労働党とリクードの連立政権は、カハネの非民主的で人種主義的な思想を危険視して、「カハ党」を非合法化した。それは、人種主義を煽る候補の資格を剥奪するというイスラエルの基本法に依るものだった。その後、カハネは数回にわたって投獄され、イスラエルのユダヤ人として初めて「扇動罪」でも逮捕されている。

ところが、カハネの極端な訴えは当初からイスラエルの若年層の支持を得ていった。一九八四年の選挙の際にカハ党は兵士たちの票二・五％を獲得した。さらに高等学校や神学校（Yeshivot）で世論調査を行うと、カハネの主張に魅力を感ずると回答する者たちが少なくなかった。こうしたカハネに対する若年層の支持の広がりは、イスラエルでは「カハネ・シンドローム」と呼ばれるようになり、カハネを支持する若者たちの活動は「ストリート・フーリガン」とも形容される暴力的形態をとっていった。その背景には度重なる戦争やインティファーダ（蜂起）に接することによってイスラエルの若者たちのやり場のない閉塞感が募っていたことがある。

イスラエル独立宣言と著しく矛盾するカハネ思想

一九四八年五月一四日に発表された「イスラエル独立宣言」には、「イスラエルの預言者らによって語られた自由と正義と平和を基盤におき、宗教、人種、性別に関わりなくすべての住民に、社会上及び政治上の完全にして平等の権利を確保し、信仰、良心、言語、教育及び文化の自由を保証、すべての宗教の聖所を保護し、国連憲章の諸原則を忠実に守る」と書かれているが、現在のイスラエルの政治社会はこの独立宣言にことごとく矛盾するようになり、アラブのムスリム・クリスチャンを差別の下に置き、国連憲章に違反して軍事力による占領を継続している。

メイル・カハネは、一九九〇年にニューヨークに戻った際に、エジプト系のアメリカ人のエル・サイイド・ノサイルに銃撃されて死亡した。彼の遺体はエルサレムに埋葬されたが、それに続いて「アラブに死を！」というスローガンを叫ぶユダヤ人の暴動がイスラエルやパレスチナ占領地で発生した。彼の葬儀はイスラエル史上最大の葬儀の一つともなった。カハネは生涯を通じて多くの著作を残したが、その中で最も有名だったのは『彼らは放逐されねばならない（They Must Go）』というもので、カハネの支持者からは「最高傑作」と称えられているが、カハネに反感をもつ人々からは、ヒトラーの『わが闘争』になぞらえられる。

カハネの思想はユダヤ人の優越主義に溢れ、アラブ人たちを極端に蔑《さげす》むものでもある。カハネの運動は、イスラエルでは、攻撃的で人種主義的な潮流になり、ユダヤ人が最も嫌い、否定してきたファシスト的な性格をもっていった。ユダヤ人が憎悪してきたナチスのイデオロギーや活動にも似て、他民族や他宗教（アラブ人やキリスト教など）を排斥し、暴力を手段とすることもいとわないのだ。

二〇二一年、アメリカは「カハ党」をテロ組織の認定から外し、イスラエルではカハネ主義を自認するベングビールが人気を集めるようになった。カハネのイデオロギーはイスラエルではもはや禁じられたものではなく、公に認められ、一部では熱烈に支持されるものになっている。メイル・カハネを称賛するベングビールが党首の極右政党「ユダヤの力」は、ネタニヤフ連立政権に六人の議員が参加し、全一二〇議席の中でキャスティングボードを握っている。ベングビールはカハネの反アラブのイデオロギーを信奉し、ユダヤ人とアラブ人の通婚を禁止し、パレスチナからアラブ人を追放することを唱道してきた。カハネはイスラエルに愛をもち、それは妥協やその他の考慮のない絶対的な愛だったとベングビールは訴えている。

ベングビールは、自らのことをメイル・カハネよりも穏健だと述べているが、アラブ系の議員たちの国会からの追放や「テロリスト」に対する死刑、パレスチナの過激派と戦うイスラエル治安部隊への免責拡大を求めており、穏健とは決して言えないだろう。「ユダヤの力」は占領下のヨルダン川西岸の一部でパレスチナ人の自治を終わらせることを望んでいるが、当然ながらパレスチナ側は「ユダヤの力」の躍進はパレスチナ人の民族的希求にとって重大な障害で、彼らの安全に対する深刻な脅威だと考えている。

二〇二三年一〇月七日に始まったガザでの戦闘は、一一月二四日にいったん停止となったが、一二月一日、イスラエル軍はガザでの戦闘を再開した。戦闘休止はわずか一週間だった。アメリカ・バイデン政権も休戦延長を促していたにもかかわらず、イスラエルが戦闘再開に踏み切ったのは、ネタニヤフ政権に参加する極右政党「ユダヤの力」の意向が大きい。「ユダヤの力」党首のベングビール国家治安相は、イスラエル人人質の解放と引き換えにパレスチナ人政治犯を釈放することに強く反対していた。彼はパレスチナ人政治犯を「テロリスト」と形容し、釈放された政治犯たちが占領地であるヨルダン川西岸に建設されたイスラエル人入植地の安全を脅かすと考えている。パレスチナ人政治犯たちは裁判もなく拘束され、特に子どもたちは投石を行っているにすぎない。ベングビールは戦闘を再開しなければ、連立から撤退する意向を表明していた。

連立政権が崩壊すれば、イスラエルではまた総選挙が行われることになる。イスラエルは二〇二二年一一月にわずか三年半の間に五度目の総選挙が行われるなど、不安定な連立政権が続いている。ネタニヤフが首相職から退けば、彼の汚職に関わる裁判が進められ、有罪となって刑務所に収監される可能性もある。ネタニヤフの権力欲のために犠牲になるガザの人々は気の毒としか言いようがない。

ヨーロッパ・ユダヤ人の歴史的困難はイスラエル建国の正当な理由とはならない

イギリス・オックスフォード大学は、二〇二三年五月、イギリス労働党のアラブ・グループ事務局長のオマル・ムフィードの要望によって、ヨーロッパのユダヤ人の歴史的困難とイスラエル建国の正当性とは関連がないと認めたことが明らかになった。つまり、ヨーロッパでユダヤ人迫害があったからイスラエル建国は正当であるという歴史観の見直しをムフィードは要求し、それにオックスフォード大学が応じたのだ。

ユダヤ人国家をパレスチナに創設するというシオニズムの思想は、確かにヨーロッパによるユダヤ人迫害によって動機を与えられて生まれたものだが、その思想に正当性があるかは非常に疑わしい。イギリスは、パレスチナを含むオスマン帝国のアラブ地域にアラブ国家創設を認め（フサイン・マクマホン協定：一九一五年）、他方でフランスとの間で同じアラブ地域分割の密約を行い（サイクス・ピコ協定：一九一六年五月）、さらにユダヤ人にパレスチナにおけるユダヤ人国家建設を認めた（バルフォア宣言：一九一七年一一月）。

第一次世界大戦後の民族自決の原則に従えば、パレスチナに国家創設の権利があるのはパレスチナ人（アラブ人）であり、イギリスがアラブ人の住むパレスチナにユダヤ人国家創設の約束を与える権利や資格は、国際法の上ではまったくない。また、イギリスの「三枚舌外交」を追認するかのように、ユダヤ人にパレスチナでの国家創設を認める一九四七年一一月の国連によるパレスチナ分割決議が国際法上正当性をもっていると言えないことは、多くの国際法学者が指摘するところだが、この結果として、一九四八年のパレスチナ人の大量難民化というナクバ（大災厄）があった。

ベングビール国家治安相は二〇二三年五月二一日、エルサレムのイスラームの聖地ハラム・アッシャリーフに足を踏み入れ、このイスラームの聖地をユダヤ教の聖地に変えるとあらためて宣言した。閣僚になって以来二度目になるハラム・アッシャリーフ訪問だった。ハラム・アッシャリーフをイスラエルの政治家が訪問することがパレスチナのムスリムにとっていかに屈辱的なことであるかは、二〇〇〇年九月にアリエル・シャロン・リクード党党首（当時）のハラム・アッシャリーフ訪問直後に激しい第二次インティファーダが発生したことからもうかがえる。また、同じく極右の「宗教シオニズム党」党首のスモトリッチ財務相は占領地であるヨルダン川西岸でイスラエルの入植地を拡大し、さらに五〇万人を送り込む計画を明らかにしている。

ヨルダン川西岸でのイスラエル人入植地拡大は、パレスチナ人を排除しようとする民族浄化の措置とも言えるが、一九四八年にパレスチナ人の「ナクバ」が始まった時以来、イスラエルは、その建国で故地を失ったパレスチナ難民のイスラエルへの帰還を認めず、さらには、ヨルダン川西岸に入植地を拡大してパレスチナ人の居住地域を次第に狭めてきた。

紀元前一世紀のユダヤ人の律法学者ヒレルは、ユダヤ教の本質について尋ねられると、「正義を行い、慈しみを愛し、へりくだって神と歩むこと」（「ミカ書」六・八）に言及したことが伝えられている。カハネ主義に基づくようなイスラエルのふるまいはこのユダヤ教の本質や、人種や宗教に関わりなく平等の権利を与えるとしたイスラエル独立宣言に反するものであることは言うまでもない。

カハネ主義を批判する国際社会

二〇二三年一二月四日、「国境なき医師団インターナショナル」の会長クリストス・クリストゥ医師は国連安保理に即時停戦を求める公開書簡を送った。その書簡では、

イスラエルはガザの医療施設の保護をあからさまに、また完全に無視しています。私たちは病院が遺体安置所や廃墟と化すのを目の当たりにしています。これらの保護されるはずの施設が爆撃され、戦車や銃で攻撃され、包囲されて攻撃され、患者や医療スタッフが殺害されています。世界保健機関（WHO）は、医療活動に対する二〇三件の攻撃を記録しておりますが、勤務中の医療従事者の少なくとも二二人が死亡し、五九人が負傷しました。「国境なき医師団」を含めて私たち医療従事者は完全に疲弊し、絶望に陥っています。重度の火傷を負った子どもたちの手足を、麻酔や滅菌した手術器具を使わずに切断しなければなりませんでした。イスラエル兵による強制避難により、自分の命か患者の命かという想像を絶する選択を迫られ、患者を置き去りに

しなければならなかった医師たちもいます。医療に対する残虐な攻撃を正当化する理由はまったくありません（https://www.msf.org/letter-gaza-un-security-council）。
と訴えられている。

パレスチナ人に対する医療活動を否定するようなイスラエル軍の攻撃は、ユダヤ人の「絶滅」を目指したナチス政権の人種政策を彷彿とさせる。ナチズムもシオニズムも、民族浄化の考えをもち、また迫害された人々は自らを抑圧した者たちの姿勢を自ずと身につける傾向をもつが、それは現在のガザにおけるイスラエルの民族浄化政策に表れている。シオニズムは、元々パレスチナに住んでいた人々の存在を否定し、排斥する傾向にあり、イスラエルの極右政党「ユダヤの力」の党首ベングビール国家治安相は、アラブ系イスラエル人やパレスチナ人のパレスチナ全域からの追放を再三にわたり主張している。ガザ全体を攻撃し、住民の八割以上が難民化したイスラエルの攻撃は「カハ・ナチ（ユダヤ人のナチス勢力）」と呼ばれるイスラエル極右のイデオロギーを端的に表すものだ。

二〇二三年一二月二九日、南アフリカがガザを攻撃するイスラエルを、民族の大量虐殺の禁止を定めた「ジェノサイド条約」に違反すると国際司法裁判所に提訴した。

南アフリカのシリル・ラマポーザ大統領は高校時代からスピーチや歌、踊りで南アフリカのアパルトヘイトを告発していた。彼は、ソウェト暴動後、六ヵ月間獄中生活を送ったこともある。一九八二年に全国鉱山労働者組合の設立に重要な役割を果たし、書記長に就任した。全国鉱山労働者組合は彼のリーダーシップの下で組合員三〇万人に成長し、八七年には南アフリカ史上最大のストライキを実施した。

イスラエルはアパルトヘイト時代の南アフリカと友好関係にあり、核兵器の供与も申し出たことが報じられたことがある。ラマポーザ大統領は一〇月七日のハマスの攻撃を激しく非難したが、パレスチナ人が七五年間占領下に置かれ、イスラエルのアパルトヘイト支配を受けてきたことを強調し、パレスチナ問題の解決は二国家共存であることを確認している。南アフリカのマンデラ元大統領は、

人種差別は魂の病だ。どんな伝染病よりも多くの人を殺す。
悲劇はその治療法が手の届くところにあるのに、まだつかみとれないことだ。

と言い続けて、およそ二七年間の獄中生活を経て、アパルトヘイト撤廃という「治療法」をつかみとった。マンデラ元大統領はイスラエルの占領下に置かれるパレスチナ人にも強い同情や共感をもった人だった。

パレスチナ人の自由なしにはわれわれの「自由」も不完全だ――ネルソン・マンデラ

イスラエルは二〇〇二年にヨルダン川西岸の「アパルトヘイト・ウォール」と呼ばれる分離壁の建設に着手したが、この壁の建設のためにもパレスチナ人の土地が没収された。分離壁の八五％がヨルダン川西岸の占領地内部に入り組み、イスラエルのヨルダン川西岸での入植地拡大を既成事実化することにもなっている。二〇〇四年に国際司法裁判所は分離壁が不当で、実質的には領土併合と変わらないという判断を下したことがある。こうした分離壁の目的もイスラエルの修正シオニズムやカハネ思想に基づくものだ。

イスラエル社会を覆う人種主義と医療機関も攻撃するイスラエル

イスラエルではカハネが唱えたような人種主義が社会全体を覆うようになり、それは二〇二三年秋に始まったイスラエルのガザ攻撃でも顕著に見られた。

ハマスのイスラエルへの奇襲攻撃を受けて、イスラエルはガザに対する水や食料の供給を断った。水がなければ人間は生きていくことはできない。医学的には水を飲まないで生活した場合、四日から五日が限界だそうだ。イスラエルはハマスの攻撃があった一〇月七日から電気、水、食料の供給を一切停止し、その状態が一週間以上も続いた。

二〇二三年一〇月七日から始まったイスラエルのガザ攻撃によって犠牲になった人の数は二万三〇〇〇人を超え（二四年一月一四日現在）、国際社会の激しい非難を受けた二〇一四年のガザ攻撃よりもはるかに規模が大きく、犠牲者の数も甚大となった。イスラエルの攻撃は明らかに集団的懲罰という国際法違反の行為である。

二〇二三年秋に始まったイスラエルのガザ攻撃に関する「戦争犯罪」として、「国際刑事裁判所に関するローマ規程」（一九九八年成立）から該当するものを紹介する。

1. 殺人
2. 身体又は健康に対して故意に重い苦痛を与え、又は重大な傷害を加えること。
3. 軍事上の必要性によって正当化されない不法かつ恣意《しい》的に行う財産の広範な破壊又は徴発
4. 不法な追放、移送又は拘禁
5. 文民たる住民それ自体又は敵対行為に直接参加していない個々の文民を故意に攻撃すること。
6. 民用物、すなわち、軍事目標以外の物を故意に攻撃すること。
7. 手段のいかんを問わず、防衛されておらず、かつ、軍事目標でない都市、町村、住居又は建物を攻撃し、又は砲撃し若しくは爆撃すること。

8. 占領国が、その占領地域に自国の文民たる住民の一部を直接若しくは間接に移送すること又はその占領地域の住民の全部若しくは一部を当該占領地域の内において若しくはその外に追放し若しくは移送すること。

これらのような行為はいずれもイスラエルのガザ攻撃やヨルダン川西岸における入植地の拡大などの行為に明確に当てはまる。

パレスチナ人たちは環境問題をめぐってもアパルトヘイト状態に陥っている。イスラエルが占領したり封鎖したりするパレスチナの土地は、環境問題が深刻になっている。ガザの住民たちは、ガザの地下にある帯水層を利用しているが、その帯水層は海水や化学物質によって汚染されるようになっている。イスラエルがガザとヨルダン川西岸地区を分離しているために、ガザの住民たちはガザの帯水層しか利用できないのだ。また、イスラエルはガザの水道管、井戸、その他の水に関わるインフラを爆撃、破壊しており、パレスチナ人たちはイスラエルのガザ封鎖によって、水道インフラを修理する部品も調達できず、また海水淡水化プラントも建設できないでいる。飲料水が汚染されているために、ガザではサルモネラ感染症や腸チフスなどの疾患が蔓延している。

二〇二三年一一月、イスラエル軍がガザで最大規模のシファァ病院に「精密な攻撃」を仕掛けていることを明らかにした。「精密な攻撃」というのは患者や避難民に対して人道的な配慮を行いながら攻撃していると言いたいのだろうが、病院では電力の供給が断たれ、医療活動がほぼ不可能になった。たとえ、ハマスの戦闘員が病院内にいたとしても、病院への攻撃自体が国際人道法、あるいは文民の保護を訴える戦時国際法に違反するもので、許されるものではない。

一九九一年の湾岸戦争に至る過程においてアメリカ議会の公聴会でアメリカはクウェートの一五歳の王族の少女にイラク兵が保育器から赤ん坊を取り出し、床に放置し、死なせたと偽証させ、イラクの悪辣なイメージを喧伝していった。この捏造についてはオリバー・ストーン監督のドキュメンタリー映画「オリバー・ストーンが語るもうひとつのアメリカ史」（二〇一二年）などでも紹介されている。シファ病院では電力不足などで、保育器から取り出すことを余儀なくされた新生児や腎臓透析患者が次から次へと亡くなる事態となった。サダム・フセインの非道な行いの事例の一つとしてアメリカが世界に訴えたのと同様なことを、現在、イスラエルが行っている。

イスラエルのシオニズムというナショナリズムは、『文化と帝国主義』でパレスチナ系アメリカ人の文学者エドワード・サイード（一九三五〜二〇〇三年）が否定した単一民族による単一の言語を基盤とする近代国家のフィクションであり、また中心に置かれる自己が優位であり、周縁が劣位とする二項対立的な発想をもつものだった。実際、イスラエルでは国民の二〇%を占めるアラブ（＝パレスチナ）人たちは就職、教育などで顕著な差別の下に置かれている。イスラエルの極右勢力はアラブ系の人々の国籍を剝奪することを主張するが、かつてヨーロッパ国家で無国籍にされたのは「ユダヤ人」たちで、イスラエルの極右はかつてヨーロッパでユダヤ人がされたことと同様なことをパレスチナ人たちに対して行っている。

イギリスの映画監督のケン・ローチ（一九三六年生まれ）は、イスラエル国家の根本にはパレスチナ人に対する犯罪、差別や抑圧があると主張する。ローチ監督によれば、イスラエルとパレスチナの紛争は世界でも特別な位置を占める。というのも、イスラエルは人種主義の国であり、欧米諸国によって軍事的、財政的に支えられ、それゆえ民主主義や人権を説く欧米諸国がイスラエルによる人権侵害に目をつぶることには顕著な偽善があるとローチ監督は説いている。

ハリウッドの女優ナタリー・ポートマンは、二〇一八年七月に成立したイスラエルの「国民国家法」が人種主義であり、誤りであると主張している。「国民国家法」は、イスラエルをユダヤ人の国家と規定し、その言語であるヘブライ語を公用語とするものだが、イスラエル国内にはアラブ人や、また人口の一・六%を構成するドルーズ派の人々なども いて、ポートマンによれば「国民国家法」は彼らを事実上「二級市民」として扱うものだ。

イスラエルはこうした差別法などで、パレスチナ人に対する配慮に著しく欠く国となり、パレスチナ人の病院を攻撃しても平気でいられるような、民族浄化を行ったナチズムの頃のドイツのようなメンタリティーをもつ国になってしまった。

ユダヤ教とシオニズムは旧約聖書の教えにルーツをもつが、ユダヤ教は宗教であり、シオニズムはイデオロギーである。ユダヤ教はすべての人間は平等であるというヒューマニズムに基づき、それゆえアメリカやイギリスでも多くの信徒たちが存在する。旧約聖書「レビ記」（一九・三三）には「あなたたちの中にいる外国人は、あなたたちの間で生まれた人のように扱いなさい」とある。なぜなら私たちユダヤ人はかつてエジプトで外国人であったからだとユダヤ教では考える。このような人道主義的な宗教倫理はシオニズムの考えとは正反対のものである。シオニズムによるイスラエルの「民主主義」はシオニストのためのものであり、パレスチナ人をも対象とする民主主義ではない。

保育器から出されるガザの赤ん坊たち

前項でも述べたように、ガザのシファ病院では燃料切れから電力が停止したために、保育器から出された赤ん坊が死んでいくのを見ているほかないと医師が語るなど、見るに堪えないほど悲惨な状態が続いた。国際社会の呼びかけにもかかわらず停戦に応じないイスラエル軍の行動は国際人道法に違反することは明白だ。

二〇二三年一一月頃からイスラエルのネタニヤフ首相はハマスとの戦闘終了後のイスラエルのガザ地区に対する管理について構想を語るようになった。

ガザでは、一九六七年の第三次中東戦争から第一次インティファーダ（蜂起、一九八七〜九三年）の間、イスラエルはガザの経済とインフラを軍事力で支配し、またパレスチナ人たちを安価な労働力として利用した。イスラエル国内でガザの人々を雇用する一方で、パレスチナ人たちはガザに閉じ込められた状況であり、その様子は黒人の労働は認めるが、居住は黒人居住区に閉じ込める南アフリカのバンツースタンそのものだった。

オスロ合意から二〇〇五年までの間、イスラエルはパレスチナ自治政府の統治を認める一方で、それまでガザ住民が行っていたイスラエル国内での労働は、アジアや東ヨーロッパの人々が代わって行うようになった。イスラエルで雇用されなくなったガザ住民たちは、イスラエルやヨルダン川西岸に移動することがほとんどなくなり、ガザからの自動車での移動は停止し、ガザ地区に閉じ込められるようになった。二〇〇〇年代後半になると、イスラエルは分離壁を建設し、数多くのチェックポイントを設けた。ガザは強制収容所のようになり、経済はますます疲弊していった。

二〇〇〇年九月に始まった第二次インティファーダの激しさによって、イスラエルは入植地の撤収と軍の撤退を決定した。二〇〇〇年から二〇〇五年の間、ガザのユダヤ人人口は、イスラエルとパレスチナを合わせたそれの一％に過ぎなかったが、インティファーダの犠牲者の一〇％はガザに住むイスラエル人だった。そしてイスラエル兵の犠牲者のうち四〇％がガザで亡くなっている。つまりガザ占領はイスラエルにとってもコストが大きいもので、ネタニヤフ首相が言うようにガザを再び占領すればイスラエルはかつてと同様な負担を負うことになる。ガザの脅威は、ガザ領内だけに存在していたもので、イスラエル軍のガザからの撤退とガザ封鎖によってイスラエルはガザからの自爆攻撃の脅威を減じることができた。

イスラエルは二〇〇七年からガザ封鎖を行い、ガザでは、二〇〇八年初めの時点で、九〇％の民間ビジネスが閉鎖に追い込まれ、八〇％の住民が食料援助に頼るようになり、建設事業はストップし、失業率はかつてないほど上昇することになった。イスラエルは、エジプトからガザに家畜がもち込まれているために、家畜用のワクチンは素早くガザに供給したものの、ガザの住民には十分な食料を提供することがなかった。家畜の疫病はイスラエル人の安全にとって有害だが、ガザ住民の食料には関心を示すことがないままだった。イスラエルにとって重要なのは、イスラエルの家畜に影響しかねないガザの家畜の健康であり、住民たちのそれではなかった。

イスラエル軍がガザから撤退したものの、ガザに対するイスラエル支配の実態はほとんど変わらぬままだった。軍事的にイスラエルは、ガザの空域や沿岸をパトロールし、警備のための堅固な施設を建設し、またガザ領内に緩衝地帯を設けた。これは単に緩衝地帯を東に数キロ移動したに過ぎなかった。税の徴収、通貨、商業は、イスラエルの管理の下にあり、水や電力、コミュニケーションはイスラエルに依存したままである。また、住民登録もイスラエルの手にゆだねられている。実質的にイスラエルはガザを占領しているが、占領国として国際法によってガザ住民の人道支援を行うことがなかった。

一九四八年のイスラエル建国に伴うパレスチナ人のナクバ（大災厄）以来、イスラエルとアラブの戦闘、イスラエル軍の発砲などで亡くなったパレスチナ人は一〇万人を超えると見られている。ガザでは九五％の人々が清潔な水を利用できないことが住民の保健、衛生に影響を及ぼし、また住民の半数に十分な食料がなく、子どもの約六〇％が貧血状態になるなど、多くの子どもたちが栄養失調によって成長を阻害されてきた。

増大するガザの人道危機――ナチズムの犯罪を繰り返すイスラエル

二〇二三年一一月一六日、ＷＦＰ（国連世界食糧計画）はガザの住民たちが極度の食糧不足に直面していると報告した。ハマスの奇襲攻撃があった一〇月七日まで援助機関はおおよそトラック五〇〇台分の支援物資をガザに輸送していた。しかし、一〇月七日のハマスの攻撃後はガザ住民に必要なカロリーの七％分ぐらいしか物資が届かなくなった。また、搬入された物資もイスラエルが燃料の供給を認めていないので、住民たちの手に届ける手段もない。イスラエルの攻撃があるかもしれない避難所での生活をパレスチナ人は余儀なくされ、冬の到来を前に飢餓への懸念が広がった。イスラエルはアメリカの圧力もあったせいか人道支援物資の搬入を無制限に認めると語るようになったが、そのような配慮が実際に行われた形跡はなかった。シファ病院ではＩＣＵ（集中治療室）患者の大半が死亡したと病院側は語り、戦争犯罪であると同時に普遍的な人道に対する罪でもあった。

一九四一年にナチス・ドイツは三・四キロメートル四方の地区に四五万人のユダヤ人居住区をつくり、他の社会から隔絶した。この隔絶されたゲットーの環境は劣悪で、通常の都市の五倍から一〇倍は密な状態だった。今のガザと同様だ。一九四一年一月に始まったチフス流行で、一二万人が感染し、三万人が亡くなった。イスラエルはナチスのホロコーストの罪を日ごろ頻繁に口にするが、ホロコーストの非人道性に学ばず、ナチスのふるまいをそのまま踏襲しているかのようだ。

極右政党のカハネ主義のイデオロギー

ネタニヤフ政権のカハネ主義者であるスモトリッチ財務相はガザの戦後処理について、ガザのパレスチナ人人口を減らしてイスラエル人の再入植を訴えており、ベングビール国家治安相は積極的に極右の入植者たちに銃砲を与え、パレスチナ人への暴力を奨励するような姿勢を見せるなど、パレスチナ人の追放を視野に入れている。このようなイスラエルの極右カハネ主義は戦闘的な人種主義、イスラエルの拡張主義と表現できる。ネタニヤフ政権は彼らの主張を採り入れなければ、連立政権の枠組みが崩れ、政権の維持ができないし、またネタニヤフ首相のパレスチナ人に対するタカ派的主張にとって極右の閣僚たちの日ごろの訴えは都合が良いものになっている。

スモトリッチは二〇二三年末にイスラエル軍のラジオ局の番組に出演し、ガザ問題の正しい解決はパレスチナ人たちが彼らを受け入れる国に移住することだと述べた。これらの極右閣僚たちはイスラエルの安全の確保のためには軍隊を永続的にガザに駐留させ、入植地を設けることだと考えている。スモトリッチはガザのパレスチナ人たちは、七五年間ゲットーで生活して困窮し、ガザを離れることを望んでいるとも発言した。ベングビール国家治安相もガザ住民たちの移住を促進しなければならない、それが正当で、人道的な手段なのだからとX（旧ツイッター）に書き込んだ。彼はまた世界にはガザ住民を受け入れてくれる我々のパートナーがいるとも書いたが、そのような「パートナー」として手を挙げる国は現れていない。さらに、ガザ住民の移住を促進することは、イスラエル人がガザに戻ることになり、かつてガザ南部にあったグーシュ・カティフ入植地の住民たちを故郷に帰すことになるとも述べている。

ガザは一九六七年の第三次中東戦争でイスラエルに占領され、二〇〇五年にイスラエルが撤退する時にはおよそ九〇〇〇人の入植者が国際法に違反して住んでいた。二〇〇五年にアリエル・シャロン政権が撤退を決意したのは、十分な兵士を配置できず、また駐留経費などがかさむなどガザの入植者たちを十分に保護できないという判断があったためだ。しかし、イスラエルはガザの空域、海域をコントロールし、〇七年からガザを経済的に封鎖している。二三年のイスラエルのガザ攻撃でガラント国防相は、ガザ北部をイスラエルとガザの緩衝地帯にしようとし、ガザ北部を徹底的に空爆し、当面居住が困難な地域にした。二三年秋のイスラエルのガザ北部への徹底的空爆は、ガザ北部をパレスチナ人が住めない状態にし、イスラエルとガザ住民の間に住めない空間を設けて両者を切り離し、イスラエル人の安全を図ろうとするものだった。

イスラエルは二〇〇五年に占領のコストがかかるという理由でガザから撤退したが、極右閣僚らが主張するガザでの戦争は、莫大な費用がかかり、スモトリッチ財務相はイスラエルのリベラル系の「ハアレツ」紙などからは経済がまったくわかっていないイスラエル史上最悪の財務相とも言われるようになった。「ハアレツ」の記事（二三年一一月一四日）では、二三年のイスラエルの財政赤字は九〇億シェケル（三五〇〇億円余り）に上り、さらに二四年には赤字がいっそう膨れ上がり、これは「経済犯罪」だと形容している。

カハニストのベングビール国家治安相

イスラエルのイタマール・ベングビール国家治安相は、イスラエルの弁護士、政治家で二〇一九年から極右政党「ユダヤの力」の党首となった。一九七六年五月六日にエルサレムの西一〇キロほどにあるメヴァセレト・ザイオンで生まれた。母親はイラク・クルディスタン（イラク北部のクルド人の居住地域）の出身で、一〇代の時にイギリス委任統治下のパレスチナに移住して、イルグン・ツヴァイ・レウミに加わった。第二章で説明した通りイルグン・ツヴァイ・レウミは、イギリスの委任統治当局と戦った軍事組織で、ユダヤ人のパレスチナ全域の支配を目指した。父方の祖父母もイラク出身で、多くのミズラヒ系（中東出身者）ユダヤ人のように、ベングビール国家治安相の家庭的背景は宗教的伝統を遵守するものの、教条的なところはなく、左派の労働党にも投票することもあった。

ベングビールが生まれた時期、イスラエル政界は次第に右傾化し、右派政党のリクードがミズラヒ系の労働者階級の支持を得て一九七七年に初めて政権を掌握した。メナヘム・ベギン政権は八〇年七月に東エルサレムを併合して東西エルサレムを首都とする基本法を成立させ、ヨルダン川西岸やガザの土地の接収を進めていった。こうした政策はイスラエルの保守層には人気があったものの、パレスチナ側の反発を強めるもので、八七年に二〇年以上にわたるイスラエルの占領に対するパレスチナ人の強い憤懣《ふんまん》を背景にインティファーダ（蜂起）が発生し、パレスチナ人たちは投石、商店閉鎖、ストライキなどでイスラエルへの抗議の意思を表した。彼らは、イスラエルの占領下にあって行動の自由を制限され、また経済的にも困難な状態に置かれていた。

インティファーダは一九九三年まで継続したが、その期間にベングビールは強硬な政治的見解をもつようになり、モレデト党という極右の超国家主義政党に入党した。モレデト党の主張の一つにはパレスチナ人をイスラエル、ヨルダン川西岸、ガザ地区から放逐するというものがあり、さらにベングビールは反アラブの人種主義のカハ運動を組織するようになる。

パレスチナ人のインティファーダに対応したのはイツハク・ラビン（一九二二〜九五年）だったが、彼はインティファーダを力だけで封じることは困難だと考えるようになり、パレスチナ人との政治的対話を求め、一九九二年に首相に就任すると、翌年にパレスチナ人との共存を図るオスロ合意を成立させた。しかし、この合意はイスラエルの極右勢力の強い反発を招き、九四年にカハ運動の支持者バールーフ・ゴールドシュテインはヘブロンのマクペラの洞窟で小銃を乱射し、二九人のアラブ・ムスリムを殺害する虐殺事件を起こした。翌年のユダヤ教のプーリムの祭り（仮装するところから「ユダヤ教のハロウィン」とも形容される）でベングビールはゴールドシュテインに扮した仮装を行い、彼を英雄と称えた。九五年九月にラビンがヨルダン川西岸の六つの都市にパレスチナ側の自治を認めると、ベングビールは憤慨し、先述したように、イスラエルのテレビ番組に出演した際にラビン首相のキャデラックから盗んだエンブレムを見せ、次はラビンの命を奪うだろうと語った。その三週間後にラビン首相はテルアビブの平和集会に参加後に銃で暗殺された。

ベングビールはその極端な政治的見解のためにイスラエル国防軍に徴兵されることもなかった。徴兵を免れるとイェシヴァト・ハラアヴォン・ハイェフーディというメイル・カハネが設立した宗教学校に進学することになる。

二〇〇八年に法学の学位を得て、一二年に弁護士資格を取得、パレスチナ人家屋に放火するなどした極右入植者の弁護などを行っている。彼は一九年九月の総選挙で初めて議会での議席を得た。極端な思想を隠すように、「アラブ人に死を！」というスローガンを

「テロリストに死を!」に、また「パレスチナ人の追放」を「テロリストの追放」に変えた。二二年一一月の総選挙の結果、彼の政党「ユダヤの力」はネタニヤフ政権の与党となり、ベングビールは国家治安相に就任した。就任直後にエルサレムのイスラームの聖地ハラム・アッシャリーフに足を踏み入れ、パレスチナ人を挑発する姿勢を見せた。彼やスモトリッチ財務相のパレスチナ人との敵対姿勢は、これらの政治家の年齢もまだ若いだけにイスラエル・パレスチナ情勢の今後に重大な懸念要因になっていくに違いない。

第四章

排除・殺戮の論理

シオニズムというナショナリズムの史的展開

ヴァンゼー会議の参加者たち（ヴァンゼー山荘展示より、筆者撮影）

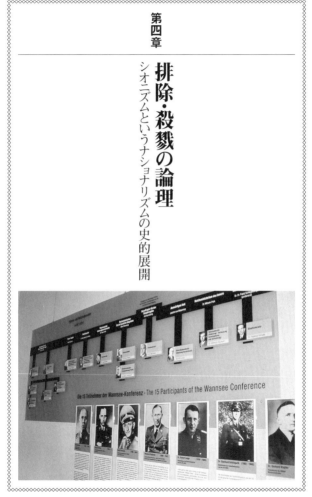

ヨーロッパ国家体系から弾き出されたユダヤ人

ヨーロッパでは一七八九年のフランス革命によって一つの国家は一つの国民によって構成されるという考え（ネーション＝ステート）が成立、定着していった。フランスという国家的枠組み、地理的境界の中にいる人々はフランス人と考えられていった。フランス革命は、国家が自由、平等、博愛の精神を国民に保障する代わりに、国民は納税と兵役の義務を国家に対して負うようになり、これによってフランスはヨーロッパでも最強の軍隊をもつようになり、フランスの栄光を唱えるナポレオン・ボナパルト（一七六九〜一八二一年）はヨーロッパ大陸制覇に乗り出していった。ナポレオンに攻め込まれたドイツやイタリアでは反フランスのナショナリズムの高揚とともに、国家統一事業が進められたが、それでもヨーロッパ諸国の国民になれなかったのはキリスト教徒ではないユダヤ人だった。

フランスでは、自由・平等・博愛を主張するフランス革命によってユダヤ人に対する差別は建前の上ではなくなったが、ユダヤ人に対する反感や差別感情は根強く存在していた。第三共和制（一八七〇〜一九四〇年）の下では、勤勉で有能なユダヤ系の金融資本や産業資本が利益を蓄えていった。こうしたユダヤ人の経済的成功は、フランスの下層民や農民のやっかみを買い、反ユダヤ感情を形成する一因になった。

有名な冤罪事件であるフランスのドレフュス事件の背景には、フランス社会のユダヤ人に対する差別や偏見、また彼らの経済的成功に対する妬みがあった。ドレフュス事件は、一八九四年に始まり、一九〇六年まで継続した。一八九四年夏、フランス軍参謀本部からパリのドイツ大使館に送り込まれたスパイが、フランス陸軍の人物が書いたと思われるフランス軍の機密に関する文書を発見した。参謀本部付の砲兵隊大尉アルフレッド・ドレフュス大尉は、同年一〇月一三日に逮捕され、一八九四年一二月に軍の機密を敵対するドイツに漏洩した国家反逆罪として終身刑の有罪判決を受け、南米のフランス領ギアナ沖にあるディアブル島（悪魔島）に収容された。

彼が疑われたのは普仏戦争でドイツに奪われたアルザス地方出身のユダヤ人であるという理由が大きかった。反ユダヤ主義の新聞は「ユダヤの売国奴、逮捕さる！」などの見出しをつけて、ドレフュス大尉の逮捕を報じた。ドレフュス大尉は一八九五年年一月五日に練兵場で軍服の襟の階級を表す徽章を外され、サーベルはへし折られた。

しかし、一八九八年八月にドレフュス有罪の証拠を捏造したとして逮捕されたヒューバート・ジョゼフ・ヘンリー少佐が独房で自殺すると、唯一の証拠である密書の筆跡鑑定が再度行われた。その結果、密書はドレフュスではなくハンガリー出身のフランス軍将校フェルディナン・エステラージー少佐によって書かれたものであることが判明した。これが一八九九年七月一八日に「ル・マタン」紙で明らかにされると、ドレフュス大尉の冤罪の主張に対する支持が急速に広まっていった。

一八九九年八月にレンヌで軍法会議の再審が開始されたものの、ここでも情状酌量でドレフュスは禁固一〇年の判決となっただけだった。そこで政府内の共和派はドレフュス救済に動き、再審請求を取り下げること、つまり有罪を認めることで、大統領特赦が与えられることになり、同年九月一九日にドレフュスは釈放された。それでも彼は無実を訴え続け、一九〇六年にようやく無罪判決が出された。しかし、フランス軍がドレフュス大尉の無実を認めたのは逮捕からようやく一世紀余り経過した一九九五年のことであった。

事件の取材をしたハンガリー・ブダペスト生まれのユダヤ人ジャーナリストのテオドール・ヘルツル（一八六〇～一九〇四年）は、フランスに忠誠を誓ったドレフュス大尉がユダヤ人であるということだけで冤罪の濡れ衣を着せられたことに大きな衝撃を受け、小冊子『ユダヤ人国家』（一八九六年）でパレスチナにユダヤ人国家を創設する思想であるシオニズムの思想を訴えた。ドレフュス事件は現在のパレスチナ問題の遠因になったとも言えるだろう。

一九四〇年にナチス・ドイツがフランスを占領して、南フランスではドイツの傀儡《かいらい》政権であるヴィシー政権が成立した。ヴィシー政権のユダヤ人観は当然のことながらナチス・

ドイツのそれに従うもので、ドイツ支配時代、反ドレフュス感情が再び高まることになる。ドレフュス事件はフランスにおける差別問題の反面教師として、学校の教科書でも紹介されていたが、しかしヴィシー政権になると教科書での記述がなくなった。ドレフュスの親族の中にはナチス・ドイツに対するレジスタンス運動に加わる者が多く、他方一八九四年にドレフュス大尉を逮捕したアルマン・デュ・パティ・ド・クラム少佐の息子シャルル・デュ・パティ・ド・クラムは、ヴィシー政権の中でユダヤ人を取り締まる部署のトップであるユダヤ人問題担当弁務官となった。

ヴィシー政権時代には、パリの警察当局によって強制収容所に送られた六万三〇〇〇人のユダヤ人が犠牲になった。ジロンド県の事務局長であったモーリス・パポン（一九一〇～二〇〇七年）は一五六〇人のユダヤ人の強制収容所移送に関わった人物とされ、のちに一九六一年一〇月には、三万人のアルジェリア系市民のデモに対して、パリの警視総監となったパポンは発砲を含む力による弾圧を命じ、少なくとも二〇〇人のアルジェリア系市民が橋から放り投げられるか、銃撃されるか、警棒で殴打されて死亡した。

ナチス・ドイツの犯罪については世界でも広く知られているが、それに協力したフランスのヴィシー政権のユダヤ人に対する犯罪行為については、第二次世界大戦後、フランス政府が公の場で触れることがなく、知られない事実となっていった。このように、ユダヤ人迫害はドイツだけでなく、ヨーロッパでは広範に行われていたが、ヨーロッパの人々の自責の念もパレスチナにおけるユダヤ人国家（＝イスラエル）創設の一つの重要な背景となっている。

ヨーロッパの国家体系に同化できなかったユダヤ人

ヘルツルは、ユダヤ人がヨーロッパの国に同化することは望ましいが、反セム主義を考慮すると現実的ではなく、ユダヤ人はヨーロッパの国民になれないと考えるようになった。ユダヤ人が「国民」になるならば、一つの領土に固まって居住することを目指すべきだと考えた。一八九七年にヘルツルは、最初のシオニストの会議をスイスのバーゼルで開催した。この大会で採択されたバーゼル綱領には、シオニズムは、ユダヤ人がパレスチナに民族の郷土を建設するための努力を行うことが書かれている。

ヘルツルは小冊子の『ユダヤ人国家』の中で「我々はいたる所で我々が住んでいる民族社会に溶け込もうと誠実に努めてきた。求めたものは父祖の信仰の保持だけだった。しかし、それは許されないのである。忠実な愛国者であり、時には過度に忠実だが、結局何の役にも立たない」と書いている。

シオニズムの運動の中心はオーストリアのウィーンに置かれた。ヘルツルは、ここで

『世界（Die Welt）』という週刊誌を出版するようになり、シオニズムのイデオロギーを訴え、またシオニストの大会は一九〇一年まで毎年開催された。オスマン帝国がパレスチナでユダヤ人たちの自治を認めることを求めたヘルツルの要求を却下すると、ヘルツルはイギリスの支持を得ようとしていった。

一九〇四年にヘルツルが死去すると、指導部はウィーンからケルン、そしてベルリンへと移っていった。第一次世界大戦以前、シオニズムはユダヤ人たちのマイノリティーを形成するに過ぎなかったが、指導者たちの多くはロシア出身で、またはオーストリア、ドイツ在住のユダヤ人たちによって指導されていた。その思想は、演説やパンフレット、また機関紙などを通じて普及されていくことになった。そして運動は「ユダヤのルネッサンス」とも呼ばれるようになり、シオニズムの支持者たちには運動がユダヤ文明の復興とも考えられていた。ユダヤ人の文学や芸術活動もシオニズムの普及とともに活発になり、また現代ヘブライ語の研究も生まれた。

一九〇五年にロシア革命が失敗に終わると、ポグロムなどユダヤ人に対する暴力や政府による弾圧が発生し、多くのロシアのユダヤ人たちがパレスチナに移住したが、彼らがパレスチナ移住の先駆者となっていく。ロシア・ユダヤ人のパレスチナへの移住は、第一章でも触れたように、フランスのユダヤ人で、博愛主義者のエドモン・バンジャマン・ジャム・ド・ロチルド（ロスチャイルド）によって支援されていた。第一次世界大戦が始まった一九一四年にパレスチナのユダヤ人たちは九万人となり、また一万三〇〇〇人が四三の農業入植地で活動していた。

一九一四年の第一次世界大戦の勃発を契機にシオニズム運動は再び活発になっていった。その指導者たちは、主にイギリスに居住するロシア系ユダヤ人たちで、その中にはイスラエル初代大統領になるハイム・ワイツマン（一八七四〜一九五二年）もいた。これらの人々は、第一次世界大戦中パレスチナにおけるユダヤ人の「民族郷土」建設を約束したバルフォア宣言をイギリス政府から引き出す中心的役割を担うことになった。バルフォア宣言の内容は、のちに国際連盟のパレスチナ委任統治規約にも含まれ、彼らがシオニズムの発展に尽くした役割は重要だった。

パレスチナに移住したユダヤ人たちは、パレスチナの都市や農村で入植地を築き、自治組織を立ち上げていった。またユダヤ人の文化生活やヘブライ語の教育も行うようになった。一九二五年三月にはパレスチナのユダヤ人は一〇万八〇〇〇人だったが、一九三三年には二三万八〇〇〇人と飛躍的に増加していった。ドイツでヒトラーが台頭するまではユダヤ人の移住は漸増という状態だったにもかかわらず、アラブ人たちはパレスチナでユダヤ人国家が成立することは彼らの既得権益を損なうことになるのではないかと次第に恐れるようになった。アラブ人たちは、シオニズムとそれを支持するイギリスの政策に反対するようになり、彼らの大規模な暴動は一九二九年、また三六年から三九年にかけて発生した。これらの暴動の発生を見て、イギリスはアラブ人とシオニストの調停を考えるようになる。

ヒトラーによるユダヤ人迫害によって、ヨーロッパのユダヤ人たちは、パレスチナやアメリカへの移住を考えていく。イギリスは、ユダヤ人、アラブ人双方の要求の板挟みになってパレスチナ問題を解決することが次第に困難になっていった。

ユダヤ人の中にも早い時期からシオニズムに反対する人々がいた。著名なチェコ出身の作家フランツ・カフカ（一八八三～一九二四年）は、オーストリア・ハンガリー帝国のボヘミアの首都プラハに、ドイツ・ユダヤ系商人の息子として生まれた。一九三〇年代にはヨーロッパのユダヤ・キリスト教信仰の喪失による混迷をその作品の中に表現した。日本では小品の『判決』（一九一三）、中編の『変身』（一九一五）、長編の『審判』（一九二五）などがよく知られている。

カフカは当初シオニズムに傾倒していたと見られているが、のちにユダヤ教への本当の信仰に欠いたシオニズムは本末転倒のように思われた。一九一六年九月一六日の書簡でシオニストたちを批判して「私は、教会堂（シナゴーグ）に行こうとは思いません。教会堂はこっそり入ればすむ場所ではありません。子どものときにできなかったことが、今できるはずがありません。シオニズムのためだけにユダヤ教会堂に押しかける連中は、静かに普通の入口から入るのではなく、契約の聖櫃の後から、聖櫃にかこつけてむりやり中へ入ろうとしているように思えます」と書いた（新田誠吾「カフカの「二つの動物物語」(1)シオニズムをめぐる考察」『法政大学多摩論集』二四巻、二〇〇八年三月）。

カフカにとってはシオニストの主張するパレスチナ移住はアラブ人という先住民族を抑圧し、彼らの生み出す利益をむさぼる「寄生虫的な生活」をもたらし、ユダヤ人たちが新しい離散生活を繰り返すことに他ならなかった。

ウクライナ出身のユダヤ人、レオポルド・ヴァイス（一九〇〇〜九二年）は、オーストリア・ハンガリー支配下の現ウクライナでユダヤ人の家庭に生まれて、シオニズムに疑問を感じ、一九二六年にイスラームに改宗してムハンマド・アサドと名乗るようになった。彼は、二〇世紀ヨーロッパで最も影響力があったとされるイスラーム学者となった。アサドは、イスラームは人間の普遍的価値観を伝え、他方ユダヤ教は排他的な傾向をもっていると考えた。彼は、政治とイスラームの融合は不可欠であり、社会は神の意思に従わなければならないと考え、現在のイスラーム主義のイデオロギーにも近い考えをもっていた。

アサドは、シオニズムの考えに基づく移民のユダヤ人たちが欧米の列強に支援されながら、パレスチナで多数派になろうとしてやってきて、先史時代からパレスチナの地に住むパレスチナ人たちの土地や財産を奪うのは、不道徳なものと考えた。彼は、シオニズムを植民地主義と結びつく種族支配と考え、シオニズムがユダヤ人を「選ばれた民」と見なすことにはあざけりの感情さえもたざるを得ないと述べた。

アサドは一九八二年に「エルサレムのビジョン」という論文を発表し、シオニストはエルサレムを永遠にイスラエルの首都とするだろうが、「永遠」は神のみに属すものであると主張した。ムハンマド・アサドは「シオニスト植民地主義」という言葉を最初に使った人だったが、シオニズムはテオドール・ヘルツルがその理念を唱えた時からユダヤ人入植者の植民活動が大前提となるイデオロギーだった。ヨーロッパからユダヤ人を追い出したかったヨーロッパ植民地主義諸国もシオニズムの実質的な支援者だった。

また、インド独立運動の指導者ガンジーは、自らが抵抗するイギリス植民地主義が支援したシオニズム運動（ユダヤ人の国家をパレスチナに建設する運動）をどう見ていただろうか。ガンジーは一九三八年に高名なユダヤ人哲学者マルティン・ブーバーから、ヨーロッパで迫害されるユダヤ人を助ける意味でもシオニズムを支持してほしいと頼まれるが、「同情によって正義を曇らせることはできない」とそれを断り、ブーバーとの対話の中で次のように述べている。

ユダヤ人の民族郷土を求める声は私の心に訴えるものがない。彼らは聖書と、執拗なパレスチナ帰還という民族的願望により、他者の土地での民族郷土設立を正当化する。しかし、自分が生まれ暮らしている国を自分の郷土とする民族はいくらでもいる。なぜ彼らも同じようにしないのか？

（イラン・パペ著、脇浜義明訳『イスラエルに関する十の神話』法政大学出版局、二〇一八年）

『イスラエルに関する十の神話』の著者イラン・パペはイスラエル・ハイファ生まれのユダヤ人で、イギリス・エクセター大学の教授だが、イスラエルによる「意図的な歴史の曲解が抑圧を強化し、植民・占領政策を擁護している」と主張する。パペによれば、シオニズムは、イギリス政府が中東に足場を築くための方策の一つであり、そのことがガンジーの心をいっそうシオニズムから遠ざけたという。

また、アルジェリア独立戦争のイデオローグで、医師でもあったフランツ・ファノン（一九二五〜六一年）は、『地に呪われたる者（The Wretched of the Earth）』（みすず書房、一九六九年）で、シオニストとナチスは、共通の利益、すなわちユダヤ人たちをヨーロッパからパレスチナに移住させるという目的で協力していたと語っている。ナチズムはユダヤ人のヨーロッパからの排除を唱え、またシオニズムはヨーロッパで迫害されたユダヤ人の国家をパレスチナに創ろうという考えだった。ナチズムもシオニズムも、ナショナリズムの考えをもち、また迫害された人々は自らを抑圧した者たちの姿勢を自ずと身につける傾向をもつが、それはイスラエルのパレスチナ人への抑圧姿勢に見られている。実際、ユダヤ機関（一九二九年創設、ユダヤ人のパレスチナへの移住促進を図った組織）は、ナチス政権下のドイツの製品をパレスチナに輸入し、ドイツと経済交流があった。

シオニズム以前にはあったパレスチナの「共存」

二〇二二年五月八日、ロンドンでパレスチナに正義をもたらすための「Convivencia（共存）」という運動が始まった。スペイン語の「Convivencia」は、特にイスラーム、キリスト教、ユダヤ教が共存していたイスラーム統治下のスペインの歴史のことを言い表す言葉だ。イスラム・スペインでは、三つの宗教社会が共存することで、豊かな学芸、文化を築いていった。一四九二年にムスリムとユダヤ教徒がイベリア半島から追放されると、ユダヤ人はオスマン帝国に移住し、そこでも学術や経済活動で少なからぬ貢献を行った。

パレスチナの「Convivencia（共存）」は、パレスチナ人の人権を尊重し、パレスチナが一つの国家の下で、イスラエルの植民地になっている状態から脱却することを目指し、シオニズムとアパルトヘイト、占領の終焉を訴え、公正で民主的な市民社会をパレスチナ全域で築くことを提唱している。イスラーム、ユダヤ教、キリスト教の宗教の根幹にある正義、平等、普遍的な人権を実現することによって平和や民主主義、法による支配を目指す。こうした理念を世界の世論に訴えることによって実現することを願っている。

推進者の中にはイスラエルの反家屋破壊委員会のジェフ・ハーパーなどがいて、また賛同者の中には映画監督のケン・ローチ、ミュージシャンのキャット・スティーヴンス、エジプトの作家のアーダーフ・スエイフなどがいる。イスラーム、ユダヤ教、キリスト教の宗教理念には相違がなく、いずれも崇高な普遍的な価値を訴えている。過去の共存を思い起こすことは、現在の対立を乗り越えるための知恵や方途を示すものであることは言うまでもなく、「Convivencia（共存）」の運動がその理念の実現を目指す第一歩となってほしい。

一八世紀のフランス革命を契機にするナショナリズムが台頭する以前、パレスチナではアラブ人とユダヤ人の対立はなく、一四九二年にイベリア半島からユダヤ人たちが追放されると、イスラームのオスマン帝国はユダヤ人たちを歓迎して受け入れた。絹などの織物技術や、オスマン帝国が貿易関係をもっていた国々とのユダヤ人たちの通商交渉・仲介能力にオスマン帝国政府は注目していた。ヨーロッパから追放されたユダヤ人たちはオスマン帝国のサロニカ（テッサロニキ、ギリシア北部の都市）、エルサレム、サフェド（アラビア語ではサファド）などに移住してきた。

サフェドは、イスラエルのガリラヤ湖北の町で、ユダヤ教にとっては由緒があり、ここでの古代のラビたちの議論は、『タルムード』（ユダヤ教の口伝律法と学者たちの議論を書きとどめた議論集）にも記されている。サフェドはユダヤ教の「四聖都」の一つで、一六世紀以降、ユダヤ教の神秘主義「カバラ」と結びついて発展した。

「カバラ」とは人間が神と一体となり、神の智恵を得ることを目標とするユダヤ教の神秘思想だ。やはり神との合一を目指して瞑想や断食、歌、踊りなどの修行の階段を進むイスラーム神秘主義を想起させるが、カバラは元々スペインのカタルーニャ地方で発展したもので、ユダヤ人が戒律を護り抜けば、ユダヤ人世界だけでなく、全人類が平和になると考える。そしてこのような思想的展開は、キリスト教世界では許容されず、ユダヤ教に寛容なイスラームのオスマン帝国だったからこそ発展、完成させることができた。

サフェドに移住してきたユダヤ人たちは、オスマン帝国によって彼らがヨーロッパ南部で身につけた技術である織物業に従事することを許され、またユダヤ人の中には優れた医学者、科学者もいて、彼らはイスラームと同じ一神教を信仰していたこともオスマン帝国からは親近感をもって見られた。オスマン帝国のスルタン・バヤズィト二世は、ユダヤ人を追放したアラゴン王国のフェルナンド二世は自らの国家を弱体化させたけれども、自分はユダヤ人によって国を富ませることができたと自画自賛した。

一九四八年にイスラエル国家が独立を宣言した時、サフェドの人口の圧倒的多数はアラブ・ムスリムだった。イギリス軍は警察権をアラブ人に譲渡して撤退したが、同年イスラエルの民兵組織「ハガーナ」がこの町を占領し、ほとんどのアラブ人が難民として流出してしまった。スペインがユダヤ人を追放して国力を低下させたように、イスラエルもアラブ人の知力、労働力を活用したほうが、その利益にかなう可能性が高いはずだが、ガザ攻撃に見られるように、イスラエルは正反対のことを行っている。

現在のイスラエルで復活する「マダガスカル計画」

イスラエル政府はガザ住民たちの再定住先を議論し始め、アフリカのコンゴを移住先として両国政府の間で協議されているという報道があった。イスラエルがガザ住民たちの意思に反してガザ住民たちの強制移住を始めようとしたら、明白な人権侵害、民族浄化の措置で、国際社会は断固として抗議し、実行させてはならないことは言うまでもない。

イスラエル国家のイデオロギーであるシオニズムは、パレスチナ住民に対するアパルトヘイト、彼らを二級市民として扱うことなど多くの点でナチズムに似ていることが指摘されている。コンゴへの移送は、ナチス・ドイツによるユダヤ人のマダガスカルへの強制移住政策、通称「マダガスカル計画」を想起させるものだ。

ナチス・ドイツはドイツ領からのユダヤ人の放逐を実行したが、領土拡大政策や第二次世界大戦の緒戦の勝利によるナチスの他国の占領などに伴って、さらに多くのユダヤ人たちをその支配下に抱え込むことになった。ドイツは、一九三八年三月にオーストリアを併合し、さらに同年九月にチェコスロヴァキアのズデーテンラントを自国領土とした。三九年三月には、現在のチェコ共和国であるボヘミアとモラヴィアへの支配を確立した。

ドイツが一九三九年九月一日にポーランドに侵攻すると、ユダヤ人問題は、火急に考慮しなければならない問題となる。ドイツとソ連によるポーランド分割が完了すると、ドイツは新たに二〇〇万人のユダヤ人をその支配下に置くことになった。ドイツは、ユダヤ人をアフリカ東方に浮かぶマダガスカル島に送ることを考えるが、マダガスカルに至る航路は戦争状態にあって、またナチスにはユダヤ人たちを大量に運ぶ輸送力もなかった。この計画は実現性がないものとして放棄されることになったが、その経緯は次の通りだ。

ナチスのユダヤ人問題の最終的解決とは、当初彼らを大量にヨーロッパから移送し、排除するというものだった。ユダヤ人のヨーロッパからの排除はドイツ、フランス、ポーランドの協議によって進められていた。ユダヤ人を嫌っていたのが第三帝国のドイツだけではなかったことがわかる。一九三八年一二月、フランスのジョルジュ・ボネ外相はドイツのヨアヒム・フォン・リッベントロップ外相に、フランスから一万人のユダヤ人難民を取り除くには、ユダヤ人難民を他の国に移送する必要があると伝えた。

一九三八年三月五日、親衛隊将校のアドルフ・アイヒマンは、保安警察（SiPo）長官ラインハルト・ハイドリヒにドイツ・フランス・ポーランド間で交渉されてきた外交問題の解決策に関する資料「マダガスカル計画」を提供するように命ぜられた。この計画は一九四〇年六月にフランス政府がドイツ占領によって崩壊すると、いっそう推進されることになった。アイヒマンは、フランス植民地省から寄せられたマダガスカル島と、その植民地化の可能性に関する公式な報告書を作成した。この計画は四年間に四〇〇万人のユダヤ人たちをマダガスカルに移送し、巨大なゲットーを創設し、警察機能も置くというものだった。財政的にはヨーロッパのユダヤ人から没収した財産や世界のユダヤ人からの資金提供によって、移送やマダガスカルでのゲットーが運営されるものとされた。

マダガスカル計画は一九四〇年八月に正式に第三帝国政府によって承認されたが、ナチス政権はもう一つのユダヤ人の最終解決の方途、つまり強制収容所への移送、労働、処分を進めていた。四二年一月にユダヤ人の絶滅を決定したヴァンゼー会議の数週間後に「マダガスカル計画」は正式に棚上げされ、ユダヤ人たちを「東部に避難」という表現が彼らの最終解決について用いられるようになった。

二〇二三年一〇月に始まるガザ攻撃でもイスラエルは「住民の避難」という言葉をしきりに用いたが、実際は「避難」の中で多数の住民が攻撃され、犠牲になった。イスラエルは東エルサレムでも民族浄化措置を行い、イスラエル人入植地は拡大し、パレスチナ人の住宅は取り壊され、パレスチナ人の放逐も行われてきた。

イスラエル極右勢力が提唱する「ウガンダ計画」

イスラエルのネタニヤフ首相がガザ住民たちの移転先としてコンゴを構想していることは、ナチス・ドイツの「マダガスカル計画」を想起させるものだったが、ナチス以前にイギリスは一九〇三年にユダヤ人を自国の植民地だったウガンダへの移住を提案したことがあった。

ガザ住民を追放してコンゴに再定住させる構想は、ネタニヤフ政権の中のベングビール国家治安相やスモトリッチ財務相などの極右閣僚が提案したものだ。イスラエルの極右勢力の行為は、ユダヤ人をヨーロッパにおける暴力から救うことを目指したシオニズムの堕落を表している。いまやシオニズムは、戦争犯罪を堂々と行い、先住の人々を故地から追い出そうとする考えや行動を表しているように見える。

ネタニヤフ首相の指導の下に、イスラエルのネガティブなイメージは世界の「反セム

（ユダヤ）主義」を煽ることになっている。欧米の極右勢力にはユダヤ人嫌いの傾向があり、イスラエルがガザへの攻撃を開始した二〇二三年一〇月以降、欧米ではユダヤ人に対する憎悪事件が多発するようになった（ロイター、二三年一一月一日）。またアメリカの福音派はユダヤ人をイスラエルに送り込むことがキリストの再臨の前提条件と考えている。福音派はイスラエルのユダヤ人はキリスト教に改宗するものと考えている。つまりイスラエルを支持する福音派にはユダヤ人に対する真摯な支援はなく、福音派の教義の実現を考えているのみだ。

パレスチナにユダヤ人国家を創ろうとするシオニズムはユダヤ人のナショナリズムに基づくものであり、世俗的なものである。そこには宗教的義務はなく、パレスチナに農業共同体を建設することによってユダヤ人国家造成を考えただけなのだ。一九〇五年の第七回シオニスト会議でイギリスの「ウガンダ計画」は拒絶され、パレスチナに農業や産業によって入植を行うことが決められた。

ベングビール国家治安相は、ガザ住民たちは爆撃された自宅以外はどこにでも行きたがるだろうと述べ、イスラエル軍の破壊がガザの人々の自発的移住をもたらすことを認めている。イスラエルがガザの住民たちを追い出すために、軍事的攻撃による殺戮や破壊を進めていることを認めるものだ。

イスラエル軍兵士の犠牲が増えるにつれて、イスラエルでは反ネタニヤフ感情が高まるようになり、リベラル紙「ハアレツ」のチャットページでは「ネタニヤフをすぐ退場させろ、彼はイスラエル国家の創始者たちの夢を壊している。イスラエルに対する明白な、現在の危険だ」などの書き込みも現れた。ネタニヤフ首相の考えや行動が初期のシオニズム運動の創設者たちの理念とは異なるという見解も目立つようになった。

第五章

イスラエル極右とは異なるユダヤ教の本質

1856〜60年ころの金門（慈愛の門）

エルサレム旧市街にある、現在は閉ざされている城門の中に、キリスト教徒から「金門」と呼ばれる門がある。この門はユダヤ教徒、ムスリム（イスラム教徒）からは「慈愛の門」と呼ばれている。

イスラエルのラビ（ユダヤ教の律法学者）のシャイ・ハルエルは『Where Islam and Judaism Join Together: A Perspective on Reconciliation（イスラームとユダヤ教はどこでつながるのか——和解への展望）』（Palgrave Macmillan, 2014）の中で、イスラームとユダヤ教は共通の歴史をもち、預言者アブラハムの価値を共有し、平和や調和へのヒューマンな渇望があると説いた。

二〇二三年一〇月七日のハマスの奇襲攻撃からのガザでの戦闘を受けて、「宗教戦争」という言葉も一部で聞かれるが、戦争に駆り立てているものは宗教ではなく、ナショナリズムであり、その構成要素として宗教がある。

イスラームでは、ユダヤ教徒は同じ啓典を共有するものとして保護しなければならないと考えられている。イスラームから見るユダヤ教の啓典とは「トーラー」や「詩篇（ザブール）」で、ユダヤ教も一神教の系譜の中で、イスラームに先行する宗教と考える。

科学者のアインシュタインは、一九三八年にユダヤ人のアイデンティティーとは社会正義の民主的な理念において、相互扶助と寛容の精神をもつものだと説いている（"Why Do

They Hate The Jews?" *Collier's Magazine*, New York, 1938）。これらはイスラームでも特に強調され、重んじられねばならないと説かれている。

宗教は問題ではない。善き人生を送るならば神の祝福があるだろう。ムスリム、クリスチャン、ユダヤ人は同じ神を信仰する。我々は異なる方法で神に奉仕しているのだ。

――モハメド・アリ（アメリカのボクサー、イスラーム神秘主義に帰依した）

イスラームとユダヤ教の接触はまた世界の文化にも貢献してきた。スペインの舞踏フラメンコの起源は定かではないものの、セファルディムのユダヤ人やムーア人（北西アフリカおよびイスラム・スペインのムスリムを指す語）との接触によって育まれたとされている。

一九九〇年代に内戦で混乱したボスニア・ヘルツェゴヴィナにユダヤ人がやってきたのは、スペインのレコンキスタ（国土回復）でユダヤ人とムスリムが放逐されたことを契機にしている。オスマン帝国では人頭税を支払う義務があったが、概してユダヤ人に対する扱いは過酷ではなく、ユダヤ人コミュニティーは自治を与えられ、不動産を取得するなどの権利やシナゴーグを建てることもでき、オスマン帝国内の通商にも従事できた。サラエボで最初のシナゴーグは一五八一年に建立された。ユダヤ人たちは第二次世界大戦が始まる頃、サラエボの人口の二割を占めるほどだった。

サラエボでは、五世紀以上にわたって正教会のセルビア人、カトリックのクロアチア人、ムスリムのボシュニャク人、さらにはユダヤ人が共存し、多様な宗教が混在するという点で、「小さなエルサレム」とも形容されていた。

第二次世界大戦中にボスニアが親ナチス・ドイツのクロアチアによって占領されると、一万四〇〇〇人のユダヤ人、ジプシーなどの少数派のうち一万人が強制収容所に送られたが、ムスリムたちはユダヤ人たちを自身の家にかくまったり、ムスリム名を与えたりして救命のための措置をとった。

ボスニアの四七人のムスリムたちが、自らの命の危険を冒してまでもナチス・ドイツからユダヤ人を救ったという「諸国民の中の正義の人」の中に名前を留めている(ちなみに日本人は杉原千畝のみ)。また、ボスニアではユダヤ人関連の書物二〇〇万冊が国立図書館で焚書に遭ったが、ムスリムなど多くの市民が三万冊を焚書から救った。

アインシュタインが説いたようなユダヤ人の社会正義のアイデンティティーをイスラエルの極右勢力はとっくに忘れているようだ。

オスマン帝国領内で共存していたムスリムとユダヤ人

二〇二三年一〇月七日にイスラエルがガザ攻撃を始めると、ボスニア・ヘルツェゴヴィナのモスタルを流れるネレトバ川に架かる「古い橋」に、大きなパレスチナ国旗が吊るされ、モスタルの人々のパレスチナの無辜の市民や家族の犠牲者との連帯が示された。パレスチナ旗を掲げたグループは、パレスチナに共感するにはムスリムでなければならないということはない、人間であればよいのだと強調した。オスマン帝国支配下にあったボスニアでは長きにわたってムスリムとユダヤ人が共存して暮らしてきたが、パレスチナ旗の掲揚はこの共存を強調するかのように、パレスチナでの両者の対立の停止を訴えていた。

「古い橋」の周辺は、橋が再建された翌年の二〇〇五年に「モスタル旧市街の古い橋の地区」として世界遺産登録されたが、モスタルでは伝統的にキリスト教会、モスク、シナゴーグが並存してきた。ボスニアのユダヤ人コミュニティーは、レコンキスタによってスペインから移住してきたセファルディムの人々によって構成され、オスマン帝国はユダヤ人の移住を歓迎した。ボスニアにはヨーロッパ最大とも言ってよいユダヤ人コミュニティーができ上がり、ユダヤ人たちは商業に従事し、また不動産を所有することも許された。

パレスチナはオスマン帝国の支配下にあったが、同様にモスタルなどボスニア・ヘルツェゴヴィナもオスマン帝国支配を受けていた。モスタルの古い橋は、オスマン帝国の下での共存の有り様を思い出すように訴えているかのようだ。

オスマン帝国の支配層はムスリムであったが、ユダヤ人（ユダヤ教徒）は自由に彼らの信仰活動を行うことができた。オスマン帝国は「ミッレト」と呼ばれる自治制度の下にムスリム以外のコミュニティーを置いたが、ユダヤ人も独自のミッレトをもち、教育、法律、宗教的事象の管理を任されていた。オスマン帝国はイスタンブールに帝国支配下のすべてのユダヤ人たちを統括する「ハハム・バシ」と呼ばれる高位ラビを置いた。

地中海に面するパレスチナの港湾都市アッコにはイスラーム、ユダヤ双方が巡礼を行う聖廟があり、両者がともにその祭りを祝っていた。古代イスラエルの王であるダビデ王（在位前一〇〇〇～前九六一年頃）はユダヤ教の旧約聖書にも現れるが、イスラームでも「ダーウード」と呼ばれる預言者の一人で、「アッラーは彼に王権と叡智を授けた」（「クルアーン」第二章二五一節）とある。

民俗文化においてもアラブ人とユダヤ人の間には共通性があり、「ハムサ」はアラビア語で数字の「五」を表すが、邪視除けの御守である「ハムサ」は五本の指を描いたもので、ユダヤ人にも同様な御守があり、モーセ五書に通じるとも考えられている。アラブ人にも、ユダヤ人にも人は邪視によって健康を損ない、亡くなるなどの考えがあり、また他人の妬みの目は不幸をもたらすとも信じられている。同様に、「六芒星（ダビデの星）」もユダヤ、イスラーム双方の護符に用いられる。

エルサレムでは商売でもユダヤ人とアラブ人は協力して事業を行い、たとえばアラブ人の肉屋はユダヤ人の食肉処理業者から肉を仕入れ、香料のマーケットはアラブ人、ユダヤ人によって営業されていた。また、製粉所などの共同経営は随所に見られ、エルサレムではムスリムの医師が街を離れる場合、ユダヤ人の医師が代わりを務めることもあった。

エルサレム旧市街の居住区域もムスリムとユダヤ人の明確な棲み分けがあるわけではなかった。現在ではパレスチナの「アラブ」の範疇の中に、アラビア語を話すムスリムとクリスチャンを入れるが、中世、近世パレスチナにおけるアラブ人とユダヤ人共存形態は、現在、パレスチナに住むアラブ・ムスリムとアラブ・クリスチャンの良好な関係を見れば容易に想像できる。

共存の都エルサレムの中心で「ガザで子どもを殺すな」と叫ぶ

二〇二四年一月六日夜、エルサレム中心部でイスラエル軍に対して「ガザで子どもを殺すな」、「戦争をやめろ」などのスローガンを唱えるイスラエルの平和活動家らによるデモがあった（「読売新聞」、七日）。エルサレムで反戦デモが行われたのは、二三年一〇月七日にハマスの奇襲攻撃があってから初めてだという。

三大一神教の聖地である東エルサレムは、イスラエルが一九六七年の第三次中東戦争で軍事占領したところである。イスラエルは極右の入植者などがハラム・アッシャリーフに足を踏み入れることを黙認し、既成事実の積み重ねで極右が主張するように、ハラム・アッシャリーフからイスラームの宗教活動を締め出し、そのイスラエル(ユダヤ教)化を図っているようだ。一九四九年のジュネーヴ第四条約は、ナチスが行ったような武力による領土の併合を認めていない。

一〇九九年七月に十字軍がエルサレムを攻撃すると、ムスリムとユダヤ人はともに十字軍と戦い、四万人とも、あるいは七万人とも見積もられるムスリムとユダヤ人が虐殺された。十字軍はエルサレムを占領すると、「岩のドーム」はキリスト教会に、またアル・アクサー・モスクは、テンプル騎士団の本部とされ、またムスリムとユダヤ人はエルサレムから追放された。しかし、一一八七年にサラディン(サラーフッディーン、一一三八～九三年)がエルサレムを奪還すると、これらの施設をイスラームの宗教施設に戻し、あらゆる宗教活動を許容し、またユダヤ人の帰還を認めた。

サラディンはエルサレムを支配するようになったが、十字軍で敵対してきたクリスチャンたちを寛容に扱った。またユダヤ人コミュニティーは保護を受け、スペインのコルドバ出身のユダヤ人哲学者、医学者のモーシェ・ベン＝マイモーン(一一三五～一二〇四年)は、サラディンとその息子の侍医となった。サラディンは、エジプト、シリア、イエメンなどを支配し、アイユーブ朝を創設したが、その支配下でもエジプトのクリスチャンのコプト教徒などを寛容に扱い続け、コプト教会の活動はアイユーブ朝で盛んとなり、コプト教徒たちにはアイユーブ朝の官吏として仕える者たちもいた。このようにエルサレムを含むイスラーム世界では三大一神教の共存が定着していた。

エルサレムの安寧が急速に崩れるのは、一九世紀にオスマン帝国の権威が低下し、ヨーロッパの領事館、宗教使節、また考古学チームなどが街に溢れるようになってからだ。また、エルサレムでユダヤ人の国家を建設しようとするシオニズムの思想が成長すると、エルサレムでは貧しかったユダヤ人たちもヨーロッパのロスチャイルド家などの支援を得て、ムスリムと影響力を競うようになり、一九〇〇年までにユダヤ人人口は三万五〇〇〇人とムスリム、クリスチャンの一万人を上回るようになった。シオニズムに見られるユダヤ人のナショナリズム思想がパレスチナ・アラブ人たちとの対立を煽っていった。

東エルサレムの「シェイフ・ジャッラー」地区の名は十字軍を駆逐したサラディンの侍医の名前にちなんだもので、エルサレム旧市街の城壁の北一キロ以内に位置するパレスチナ人にとっては由緒ある地区である。シェイフ・ジャッラーも一九六七年の第三次中東戦争でイスラエルが軍事占領したところで、そこの住民の立ち退きは国際法の観点からも決して容認されるものでないことは明らかだ。イスラエルの入植者のグループは、一八八五年にオスマン帝国時代にユダヤ人がこの土地を獲得したとシェイフ・ジャッラーの土地の所有権を訴えるようになった。

ラトビア・リガで生まれたイスラエルの化学者イェシャヤフ・レイボヴィッツ（一九〇三～九四年）は、シオニズムとは「外国人の支配に甘んずるのはもうたくさんだ」という考えに発する運動であり、シオニズムは国家を至上目的とし、一九六七年の第三次中東戦争以後は軍隊が国家を守る完全な軍事国家になり果てたと述べている。イスラエル国家やシオニズムがユダヤ人のヒューマンな価値より優先された時、イスラエルの占領地におけるふるまいは、「ユダヤ・ナチス的性格をもつ」と述べたが、今のイスラエルのふるまいはまさにレイボヴィッツの観察通りになっている。

シオニズムは破綻する？――イスラエルを離れる人々

イスラエル人の中ではヨーロッパのパスポートを取得しようとする動きが次第に多く見られるようになった。これらの人々はヨーロッパから移住してきた家系であり、曾祖父母、祖父母などが住んでいたヨーロッパ諸国の大使館（テルアビブ）で手続きを行っている。彼らはパレスチナとの情勢が悪化すればヨーロッパに避難の場を求める意向だ。イスラエル社会ではタカ派的潮流がますます強くなり、パレスチナ人との和平を支持する主張が急速にしにくくなっている。そうした事実上の言論の自由の欠如もヨーロッパ諸国のパスポート取得への動きとなっている。

他方、ヨーロッパでは右翼の台頭とともに、「反ユダヤ主義」が台頭するようになり、その現象は特に比較的大きなユダヤ人コミュニティーがあるフランスとベルギーで顕著で、フランスではユダヤ教の寺院であるシナゴーグやユダヤ人が経営する食料品店が襲撃されるようになった。ドイツでも反セム主義のデモが増加し、またローマでもユダヤ人を排斥する落書きが少なからず見られるようになった。ベルギー・ブリュッセルでは二〇一四年五月にユダヤ博物館の襲撃事件も起きた。

反ユダヤ主義の台頭に対して、ヨーロッパのユダヤ人の中にイスラエルでセカンドハウスを購入する人々が増えている。ヨーロッパで迫害を受けるユダヤ人たちにとってイスラエルはいまだに避難所になっているかのようだ。イスラエルに移住したての一定期間は所得税も免除されるという優遇措置も受けられ、また北米に移住するよりもはるかに審査も容易ということもある。

他方、イスラエルに移住すれば、その家族の若者たちは、男女とも兵役に就かなければならない。ガザやレバノン南部で武装勢力との果てない戦争があり、さらにシリアなど周辺諸国では「イスラーム国」（ＩＳ）のような過激集団や反イスラエルで、親イランの武装集団も活動するようになった。ヨーロッパでもイスラエルでも、ユダヤ人たちに安全な場が提供されないのは、一九世紀以降のユダヤ人をめぐる国民国家システムの欠陥を示すものだろう。

二〇一四年夏にイスラエルがガザを攻撃すると、同年七月下旬にはアラブ系イスラエル人のアミール・シュウェイキーが「アラブ人は死ね」などと言われ、イスラエル・ユダヤ人の若者たちに金属バットで殴られ重体となった。イスラエルの極右のインターネットの書き込みにはアラブ人の排斥を訴える書き込みが頻繁に現れるようになった。こうした傾向にイスラエル・タカ派の政治家の発言が拍車をかけた。同じ、一四年のイスラエルのガザ攻撃期間、アラブ系住民たちがガザ攻撃を非難するストライキを呼びかけると、極右政党「イスラエルわが家」を率いるリーバーマン外相（当時）は、自身のフェイスブックにアラブ系の商店や企業へのボイコットを訴えたこともある。さながら、ユダヤ人の商品排斥を呼びかけたナチス政権の政策を彷彿させるかのようだ。イスラエルではピースキャンプ（和平を求める人々）のデモも右翼の暴力的襲撃を受けるようになった。

UNRWA（国連パレスチナ難民救済事業機関）によれば、ガザではイスラエルの攻撃によって一九〇万人以上の人々がホームレスとなり、イスラエルの攻撃が続く中で、不発弾の処理もされず恐怖の生活が続いている。

イスラエル国内ではアラブ人に対するヘイト・クライムが増加するようになったが、二〇二五年にはイスラエル国内の人口構成では三〇%がアラブ人、七〇%がユダヤ人と、人口の三分の一近くが非ユダヤのアラブ人になると見込まれていた。これが二〇五〇年になると、人口構成は逆転するという可能性もある。

レバノンでは最大多数の人口を抱えていたマロン派のクリスチャンが二〇世紀の間に少数派に転じた。イスラエル建国後、すでにイスラエルからは一〇〇万人の人々が度重なる紛争を経て出国したが、他方で海外に移住する背景をもたないアラブ系市民たちはそのままイスラエルにとどまっている。

「シオニズム」というイデオロギーによって、ユダヤ教の聖地であるエルサレムにユダヤ人の国家として成立したイスラエルであったが、現在ではイスラエルを離れる人が増加するというシオニズムとは逆のベクトルが働くようになった。増加するアラブ人人口や、紛争に辟易としてイスラエルから出国するユダヤ人たちが増すにつれて、国内アラブ人の位置づけや対パレスチナ政策など国としての在り方を検討する必要に迫られている。

第六章

意図的に民間人や病院・学校を攻撃するイスラエルの軍事ドクトリン

ヨルダン・アンマンにあるUNRWA運営の学校の授業風景（2015年10月、筆者撮影）

イスラエルの無差別な軍事作戦――ダヒヤ・ドクトリン

イスラエルはハマスの奇襲攻撃があった二〇二三年一〇月七日以降、国際人道法で禁じられている病院や学校への攻撃も無制限に行っている。ガザ北部のアル・アウダ病院で活動していた「国境なき医師団」の医師二名も、一一月二一日に空爆の犠牲になった。

イスラエル国防軍のダニエル・ハガリ報道官は、ハマスの奇襲攻撃に対する報復攻撃の重点はいかにガザ社会に損害を与えるかだと語っている。しかし、イスラエル軍は当初からガザの民間人の犠牲を出すことを前提にして戦闘を行っている。

イスラエルが非軍事施設の病院、学校、モスク、さらには電力や水道など基本インフラなどに攻撃を加えるのは、ハマスの戦闘員がそこに潜んでいるという理由ばかりではない。「テロリスト」が活動する社会にできるだけ多くの損害を与え、住民たちの「テロリスト」への支持を失わせ、テロを抑制するというドクトリンをイスラエルはもっている。これは二〇〇六年のイスラエルとレバノン・ヒズボラとの戦争の際に生まれたもので、イスラエルはヒズボラが本拠地としていたレバノンの首都ベイルートの南郊外のダヒヤ村を徹底的に爆撃した。このダヒヤ村の名前をとって「ダヒヤ・ドクトリン」と呼ばれている。

二〇〇六年七月、イスラエル軍はレバノン南部からのヒズボラによるロケット弾の一斉射撃に対して空爆と地上戦で対応したが、地上部隊が多大な死傷者を出すなど成功しなかった。そこでイスラエル軍はヒズボラの拠点があったベイルート郊外のダヒヤ地域の徹底的破壊を目指して空爆を行った。この空爆によって、およそ一〇〇〇人のレバノンの民間人が死亡し、その三分の一が子どもだった。村は瓦礫と化したが、さらにイスラエル軍によってレバノンの橋、下水処理場、発電所などのインフラが破壊され、社会生活は機能不全に陥った。二三年秋に始まった人道を無視したガザ攻撃の、まさに予行演習のような攻撃だった。

ダヒヤ・ドクトリンはイスラエルの軍事戦略として重視されるようになり、国際社会の非難を浴びた二〇一四年のイスラエル軍のガザ攻撃にも用いられた。テルアビブ大学の国家安全保障研究所（ＩＮＳＳ）のギオラ・エイランド上級研究員は、「（次にヒズボラと戦争する際には）レバノンに深刻な損害を与え、住宅やインフラを破壊し、何十万もの人々に苦痛を与えることが、何よりもヒズボラの行動に影響を与えられる」と述べた（二〇〇九年に国連に提出された『ゴールドストーン報告書』による）。イスラエルが二〇二三年一〇月に始まるガザ攻撃の際にまずガザへの水や電力の供給を止めたのも、「ダヒヤ・ドクトリン」の一環であることは間違いない。二〇〇八年に、イスラエル国防軍司令官ガディ・アイゼンコットは「我々はイスラエルに向けて発砲してきたあらゆる村に対して不均衡な力を行使し、途方もない損害と破壊を（敵に）もたらすだろう。我々からすれば、これらの村は敵の軍事基地である。これは提案ではなく、すでに承認されたものだ」とイスラエル紙に語っている。アイゼンコット司令官の発言から判断すればイスラエル軍が〇八年から〇九年にかけて行ったガザ侵攻に「ダヒヤ・ドクトリン」を用いた可能性は高い。

「ダヒヤ・ドクトリン」は、アフガニスタンで中村哲医師が用水路など基本インフラを創設し、田畑をつくり、人々に食を与えることによって暴力から人々を遠ざけることを目指したこととと正反対の発想だ。

大虐殺（ジェノサイド）という「ユダヤの悲劇」をパレスチナ人に対して行うイスラエル

イスラエル軍は二〇二三年一〇月一三日、二四時間以内にガザ住民たちが北部から南部に退避するよう国連に通知した。これは、イスラエル軍の地上侵攻が一段と近いことを予感させるものだった。狭いガザ地区では住民たちはどこにいても安全を保障されるわけではない。アメリカのブリンケン国務長官はイスラエルに「人道回廊」を提唱し、民間人の犠牲を少なくすることを要求したが、イスラエルは聞く耳をもたないかのように、民間人をも標的にするような攻撃を継続した。イスラエルの軍高官がガザ市民たちに対してエジプトに避難するように促したことも報じられたが、エジプトのシシ大統領は、ガザ住民たちをエジプトのシナイ半島に受け入れないことを明らかにした。ガザ住民たちが大量にエジプト領に入ることは、エジプトの経済的負担になるし、シシ大統領はハマスの母体となったムスリム同胞団を弾圧してきた。ハマスは、エジプトのムスリム同胞団の支部としてパレスチナで活動を開始した組織だ。二〇一三年シシ大統領は、ムスリム同胞団出身のモルシ大統領をクーデターで打倒することによって、政権の座に就いた。

イスラエル軍はガザへの水や電力の供給を止め、また病院や救急車まで攻撃目標にするなど人道に反する行為を行った。ハマスのイスラエルへの奇襲攻撃と、ガザ住民の生命・安全・福利とはまったく別次元の問題だが、イスラエルはガザに住む約二三〇万人の住民に対するジェノサイド（大虐殺）を行うような勢いでガザを攻撃し、地上侵攻の準備をした。武器を手にしないガザ住民たちを空爆や砲撃で殺害するのは、ホロコーストに遭ったユダヤ人たちがナチスにされた仕打ちと同様だった。

イスラエルは「国」をもたないユダヤ人たちが創設した国家だが、そのイスラエルがパレスチナ人たちをいつまでも「国なし状態」にしているのは明らかな矛盾だ。パレスチナ国家を認めないこと、ガザ攻撃、ヨルダン川西岸での分離壁の建設、ヨルダン川西岸や東エルサレムという占領地での入植地の拡大などパレスチナ人に対する人権侵害は、アインシュタインやハンナ・アーレントが述べたように、かつてドイツのナチス政権が行ったユダヤ人迫害・弾圧と重なる。

民族自決権が国際社会で自明なものならば、パレスチナ人に対しては彼らの国家とともに、市民権が与えられるべきである。タカ派のネタニヤフ政権はパレスチナ国家の成立を視野に入れていないが、イスラエルによってパレスチナ人たちに国家が与えられず、法的保護も与えられないのは重大な矛盾である。国家がない人々は、基本的な人権を与えられず、イスラエルという他国の法律が強制されるばかりだ。現在、パレスチナ人には財産の安全の保障もなく、イスラエルによる土地などの財産の没収は日常的に行われている。ネタニヤフ首相は、パレスチナ人たちに国家を認めるとした一九九三年のオスロ合意や二〇〇三年の「ロードマップ」も反故にしてきた。パレスチナ人はやはり中東のクルド人と並んで世界でも最大多数の国家をもたない民族の一つで、その人口はヨルダン川西岸とガザ地区を合わせて五四八万人余りとも見積もられる。さらにヨルダンには、二四六万人のパレスチナ難民たちがいる。

ガザのおよそ七〇%の人々は現在のイスラエルの領土から難民化した人々で、四〇%がいまだに難民キャンプで生活し、自らの土地をもっていない。ガザ、あるいはヨルダン川西岸を含むパレスチナ問題の恒久的平和は、「パレスチナ国家」の成立が前提条件になる。ネタニヤフ政権が反故にした一九九三年のオスロ合意、さらに二〇〇三年にブッシュ政権が示した「ロードマップ」でもパレスチナ独立国家の創設は認められていた。また、経済封鎖の解除がなければ、ガザの復興も発展も考えられない。

エドワード・サイードは、パレスチナ問題に関してアメリカ人の知識や理解がイスラエル寄りである背景には、アメリカ国内の親イスラエルのユダヤ人などによる情報操作があると考えていた。アメリカの首都ワシントンDCにホロコースト博物館があるなどユダヤ人の悲劇であるホロコーストは繰り返し強調され、またアメリカのイスラエル支援は手厚く行われる。他方で、イスラエル建国に伴うパレスチナ人の困難がアメリカ人の間で強く意識されることはない。サイードは欧米人の東方への差別観「オリエンタリズム」を背景に「アラブ人はオリエント人であり、それゆえヨーロッパ人やシオニストたちよりも人間的に劣り、価値もない。彼らは裏切りやすく、改心もしない」という見方がアメリカ人には広くあると語っている（エドワード・サイード著、杉田英明訳『パレスチナ問題』みすず書房、二〇〇四年。原著は一九七九年）。

アメリカはイスラエルに毎年四〇億ドル（六〇〇〇億円に近い）の軍事支援を行い、イスラエルへの最大の武器供与国である。現在ガザ空爆に使われているF16戦闘機、F35、アパッチなど攻撃用ヘリコプターのほとんどがアメリカ製だ。ガザに撃ち込まれるミサイルや投下される爆弾の多くも同様で、アメリカにもガザの犠牲者たちに対して道義的責任があることは言うまでもない。

アメリカは国連安全保障理事会で二〇二三年一二月一八日までに八九回にわたって拒否権を行使してきたが、そのうちの四五回がイスラエル非難の性格をもつ決議案に対して行われるなどイスラエル支持一辺倒の立場を国際社会に露骨に示してきた。

ガザの学童・学生を殺害し、教育機会を奪うイスラエル

二〇二三年一〇月七日にイスラエル軍とハマスの戦闘が始まると、ガザの学校は住民たちの避難所として使われ、イスラエル軍の攻撃はガザの子どもたちの教育機会を奪っていった。教育機会が奪われることも、ガザ住民の基本的人権を損なうものであることは言うまでもない。

一二月二七日、ガザの教育省は一〇月七日から一二月二六日の間に四〇三七人の学生・生徒と二〇九人の教育関係者が殺害され、七二五九人の生徒、六一九人の教師が負傷したことを明らかにした。

サウジアラビアの「アシャルク・ニュース」によればイスラエルの空爆で三四二の学校、教育機関、大学が破壊された。シェークスピアなどを専門とするガザ・イスラーム大学の教授で作家でもあるレファァアト・アラリール（一九七九年～二〇二三年）は一二月六日にイ

スラエルの空爆で亡くなった。アラリールはパレスチナ人の抵抗の手段として「書く力」、「語る力」を養うことを訴え、パレスチナの若い人々の声を世界に発信しようとしていた。イスラエル軍は故意にアラリールを狙って殺害したと見られている。イスラエルにとってアラリールの活動は目障りなものであったに違いなく、イスラエル側から電話やオンラインによる殺害の脅迫があったことが伝えられている。

彼の死後、作品である「If I must die, let it be a tale.（もし私が死ななければならないなら）」は四〇の言語に訳されてSNSで拡散されるようになった。

もし、私が死ななければならないなら
あなたはどうしても生きなければならない
私の物語《ストーリー》を語るために
私の遺品を売って
一切れの布といくつかの糸を買うために
（色は白で、長いしっぽをつけてくれ）

そうすれば、ガザのどこかにいる子供が

天をまっすぐに見つめ返しながら
すでに炎の中に消えてしまったが——
肉体にも、自分自身（魂）にさえ
一言も別れを告げなかった父親を待ちながら——

その凧が、あなたが作った私の凧が
空高く舞い上がるのを見てくれるから
そうすれば、束の間、天使がそこに現れて
愛をよみがえらせてくれるから

もし私が死ななければならないなら
それが希望をもたらしますように
それが物語《テイル》になりますように

（日本語訳は https://note.com/shinno3cc/n/n5bafcab82db6 より）

二〇二三年一〇月七日のハマスの攻撃があった以前、ガザには一九の高等教育機関があり、八万八〇〇〇人の学生が登録し、五二〇〇人の職員を抱えていた。イスラエルのガザ攻撃は、ガザの人々から文化を奪うことにもなっている。

UNRWA（国連パレスチナ難民救済事業機関）は一八三の学校を運営し、二七万八〇〇〇人の生徒が在籍していた。UNRWAは一九四八年のイスラエル国家創設のための第一次中東戦争で大量の難民が発生すると、五〇年五月から活動を開始し、食糧配給や医療、教育など救援活動を開始した。UNRWAの活動地域は、レバノン、シリア、ヨルダン、ヨルダン川西岸、ガザ地区で、ガザに見られるように、パレスチナ難民キャンプは上下水道も不十分、人口密度は極端に高く、レバノンやガザでは絶えず生命の危機にさらされてきた。

二〇二三年一〇月七日以来、ガザのUNRWAの学校は住民たちの避難所として使用されてきたが、ベイト・ハヌーンのUNRWAの学校はハマスの拠点であるという理由で攻撃、破壊された。UNRWAの学校はイスラエル軍の意図的な標的になってきた。イスラエルの空爆によって二三年一二月末までに一九の教育機関が閉鎖を余儀なくされている。

PLO（パレスチナ解放機構）が一九九一年に創設したガザのアズハル大学には、一万四三九一人の学生が登録し、三八七人の教員・職員がいる。様々な困難にもかかわらず、アラブ地域にある二〇〇の大学のうち、一七一位にランクしていた。アズハル大学は美しいキャンパスとモダンな建物を誇り、ガザの人々は教育の質の維持のために奮闘し、ガザの人々の誇りともなってきたが、イスラエル軍はアズハル大学も空爆して、パレスチナ人の教育や研究への希求も台なしにしてしまった。

ガザ空爆の非情

イスラエルはハマスの奇襲攻撃を受けて直ちに空爆を開始した。イスラエルはハマスの奇襲攻撃があった一〇月七日から同月一二日までのわずか六日間にガザに六〇〇〇発、総重量にして四〇〇〇トンの爆弾を投下して一四〇〇人の犠牲をもたらした。ちなみに一九四五年三月一〇日の東京大空襲の爆弾の総トン数は、焼夷弾と爆弾を合わせて一七〇〇トンだった。ガザの面積は三六五平方キロメートル、東京二三区の面積は六二七・五三平方キロメートルだから東京二三区の六割程度の狭い土地に、イスラエルはたった六日間で東京大空襲の五倍強の爆弾を投下したことになる。イスラエルの空爆がいかに徹底的なものだったかがうかがえるが、ガザでは九一％の子どもたちが二〇二一年五月のイスラエルの空爆によってＰＴＳＤに罹患するなど、イスラエル軍の空爆はガザの子どもたちに深い心の傷を負わせている（https://euromedmonitor.org/en/article/4497/New-Report:-91%25-of-Gaza-children-suffer-from-PTSD-after-the-Israeli-attack）。

イスラエルのアミハイ・エリヤフ・エルサレム問題・遺産相は二〇二三年一一月五日、ガザに核爆弾を投下するのも選択肢の一つだと発言し、ガザの住民たちはアイルランドか、砂漠に移住すべきだとも述べ、パレスチナ旗やハマス旗を振る者は地球上に存在すべきではないと語った。エリヤフはベングビールと同じくイスラエル極右「ユダヤの力」の党員で、パレスチナ人に対するヘイトを煽る発言を繰り返す人種主義的な性格をもった人物だ。広島や長崎の被爆者たちは、とんでもない、イスラエルは実際に使いかねないと反発するようになった（「毎日新聞」二〇二三年一一月六日、https://mainichi.jp/articles/20231106/k00/00m/040/177000c）。

ジュネーヴを拠点に活動する人権グループの「ユーロ・メッド（地中海）人権モニター（Euro-Med Human Rights Monitor）によれば、イスラエルは二〇二三年一〇月七日から一一月二日にかけて二万五〇〇〇トンの爆弾をガザに投下した。広島の原爆の爆発力はTNT火薬に換算すれば約一万六〇〇〇トンだから、イスラエルはすでに広島の大惨禍以上の爆弾を、一ヵ月に満たない間に、広島市の面積の三分の一程度のガザに落としたことになる。

エリヤフがガザ住民の移住先としてアイルランドを口にしたのは、パレスチナへの同情が強いアイルランドに反発する感情が表れたのだろう。第九章で説明するが、アイルランドのパレスチナへの共感は、アイルランドが一六四九年のクロムウェルの植民地化から一九三一年の完全独立までイングランドの植民地として置かれ、植民地時代に餓死で人口の半数が消失したと見積もられるジャガイモ飢饉など、パレスチナと同様に植民地としての苦難の歴史があったことと関連する。

イスラエル軍は子どもたちの犠牲もいとわないで攻撃を行っている。ガザの行政機関の関係者の話では一〇月七日から一〇月一二日までの間の空爆による一四〇〇人の犠牲のうち子どもが四四七人、女性が二四八人、医療従事者一〇人であった。この空爆で三三万八〇〇〇人のパレスチナ人が家を逐われ、避難を行った。一〇〇〇戸以上の家が完全に破壊され、五六〇〇戸の家が大きく損壊した。水や食糧の供給も断たれ、ガザの子どもたちの健康に及ぼす影響もますます深刻になったが、それでもイスラエルはさらに地上侵攻を行って被害を拡大させた。

空爆が人道に反するのは、戦闘員と非戦闘員などを区別することなく無差別に攻撃するからで、戦争犯罪に相当する行為だ。戦時国際法では、非戦闘員は保護対象であり、これを無視して危害を加えることは戦争犯罪である。空爆の非人道性はパブロ・ピカソの有名な作品「ゲルニカ」によっても表現された。ドイツ空軍を主体とするゲルニカ爆撃は、敵基地そのものを攻撃する「戦術爆撃」に対して、前線の基地ではなく、後方の市街地を無差別に空爆して、一般市民に恐怖を植えつけ、敵の戦意をそぐことを目標とした「戦略爆撃」の最初の例とされている。これをイスラエルに置き換えれば、ガザを無差別に攻撃することによって、パレスチナの武装勢力にイスラエルを攻撃する意欲を喪失させるということだろう。

イスラエルのガザ空爆が当初からガザ市民の殺害を意図するものであることは、たとえば、二〇〇八年二月にイスラエル軍がガザ空爆を継続する中で、ハマスがロケット攻撃で応酬すると、オルメルト政権（当時）のマタン・ヴィルナイ国防副大臣はロケット攻撃を停止しなければ、ガザの「ショア（Shoah）」になると発言したことにも表れた。「ショア」とは、ユダヤ人の言語ヘブライ語で「滅亡、壊滅」を意味する言葉で、特にナチス・ドイツによるユダヤ人絶滅計画をイスラエルでは「ショア」と呼んでいる。

また、二〇一二年一一月に、アリエル・シャロン元首相の息子のギラド・シャロン（一九六六年生まれ）が「エルサレム・ポスト」紙に寄稿し、「イスラエルは原爆が投下された後の広島のようにガザをペチャンコにすべきである」と訴えたことがある。さらに、イスラエルの副首相だったエリ・イシャイ（一九六二年生まれ）はガザを中世（the Middle Ages）に戻せ、そうすればイスラエルは四〇年間平穏になると主張した（「ベルファスト・テレグラフ」二〇一二年一一月二〇日）。

これらの発言はイスラエルの軍事力を背景に、ガザ住民の生命、基本的人権など考慮することなく、ガザを徹底的に破壊することを意図したもので、言うまでもなくナチス・ドイツのホロコーストと同様な発想と言える。

ワルシャワを想起させるイスラエル軍のガザ地上侵攻

イスラエルのネタニヤフ首相は二〇二三年一〇月二八日、ガザでの戦闘が新しい段階に入ったことを認めた。イスラエル軍は空爆に加えてガザに地上侵攻、さらに海岸からの上陸作戦を行うようになり、ハマスが掘ったガザのトンネルに地中深く侵入し、ハマスが敷設した対戦車用や対人地雷除去のための活動を行うようになった。

ガザの中心都市ガザ・シティのシファァ病院も攻撃対象となり、インターネットも遮断された。インターネットをイスラエルが遮断するのは、ガザの悲惨な状況が世界に配信されてイスラエルにいっそう不利な国際世論が形成されることを恐れたこともあっただろう。ハマスが地下トンネル（坑道）を使ってイスラエルに抵抗を続け、多数のガザ市民を巻き込んで戦闘を行っていることで、一九四四年八月一日から二ヵ月余り続いたナチス・ドイツに対するポーランド人のワルシャワ蜂起を想起させた。この蜂起では二〇万人近いポーランド人が犠牲になるという陰惨な戦いだったが、ポーランド市民は必死で、苛烈な抵抗を続けた。

二〇一九年八月一日に行われたワルシャワ蜂起七五周年の追悼式典で、ドイツのハイコ・マース外相（当時）は「ドイツ人がポーランドに対してドイツの名の下に行ったことを深く恥じる」と発言した。また、「亡くなった方の遺族や負傷した方々をはじめ、ポーランドの人々に許しを請うためにこの場所にやってきた」とも述べている。しかし、イスラエルがドイツのマース外相のように、ガザ住民に対して謝罪を述べることは決してないように思える。

イギリスの「保守主義の父」とされるエドマンド・バーク（一七二九〜九七年）は、「歴史から学ばぬ者は歴史を繰り返す（Those who don’t know history are destined to repeat it.）」と語ったが、イスラエルは悪名高いワルシャワ蜂起の悲劇を繰り返している。

イスラエル・タカ派のガザ攻撃に関する思惑は、敵を徹底的に排除、根絶するというものだが（そのメンタリティーもナチス政権に似ている）、そのためには子どもや女性など市民の犠牲も承知の上で攻撃を行っている。イスラエルとハマスの戦いは一九九〇年代後半から始まった。イスラエルはハマスの精神的指導者アフマド・ヤースィンを二〇〇四年三月にヘリコプターからのミサイル攻撃で殺害し、さらに翌月ヤースィンに次いでハマスの指導者となったアブドゥル・アズィーズ・ランティスィを同様にミサイル攻撃で殺害した。こうしたイスラエルの暗殺作戦はかえってハマスへの支持や同情を高め、ハマスは二〇〇六年一月の立法評議会選挙において、ハマスが過半数の議席を獲得して勝利した。つまりハマスを弱体化させようとするイスラエルの暗殺作戦は逆効果だったことになる。イスラエルがガザに対して強硬な姿勢をとればとるほど、ガザではハマスなどの急進主義が台頭し、イスラエルの安全保障に結局役に立たない。

ガザ攻撃によってイスラエルは国際社会の共感や支持をますます失い、莫大な軍事費を伴う攻撃は、イスラエルの国力をいっそう消耗させることになっている。カール・マルクスは「歴史は二度繰り返す。一度目は悲劇として、二度目は笑劇として（History repeats itself, first as tragedy, second as farce）」と述べたが、ホロコースト体験が悲劇とすれば、今回のガザ攻撃に見られるパレスチナ人に対する徹底的な弾圧姿勢は、イスラエルの国際社会でのイメージが決定的に悪化する「笑劇」なのかもしれない。長期にわたるイスラエル軍のガザ攻撃は、イスラエルのイメージを悪化させ、戦闘の勝利者はハマスであるという声も聞かれるようになった。

アパルトヘイトは人道に対する罪であり、イスラエルは数百万のパレスチナ人の自由と財産を奪っている。それは著しい人種差別と不平等のシステムを永続化させ、国際法に違反して体系的に数千人ものパレスチナ人たちに拘禁と拷問を行っている。イス

ラエルは市民、特に子どもたちに対する攻撃を行っている。——ネルソン・マンデラ

二〇二三年一〇月以来のイスラエルのハマスに対する「反撃」は、イスラエルが国際法を破って人道に対する罪を犯していることをあらためて浮き彫りにし、マンデラの観察を説得力あるものにしている。

難民キャンプを空爆するイスラエルと孤立するアメリカ

二〇二三年一〇月三一日、イスラエル軍はジャバリア（ジャバリーヤ）難民キャンプに激しい空爆を加え、およそ二〇棟のビルが倒壊し、四〇〇人以上が死傷したと伝えられている。イスラエル軍報道官は一〇月七日のハマスによる「テロ」の主犯格であるイブラヒム・ビアリ（イブラーヒーム・ビヤーリー）を殺害したと語ったが、ハマスは、彼は健在であると主張している。

ガザには第一次中東戦争（一九四八年）で、現在のイスラエル領南部から避難してきた人々の親族がおよそ七〇％住んでいるが、ジャバリア難民キャンプは文字通り難民たちが狭い空間の中で、インフラも未整備で、不自由な生活を余儀なくされながら暮らしている。難民キャンプを攻撃するのは国際法によって禁じられ、戦争犯罪に明らかに該当するもの

で、イスラエルの責任は厳しく問われなければならない。

国連総会は二〇二三年一〇月二七日、イスラエルとハマスの武力衝突をめぐって人道回廊の設置や「人道的休戦」を求める決議を採択したが、反対したのはイスラエルとアメリカなど一四ヵ国だけで、アメリカの国際社会における影響力の低下を表すことになった。

イスラエルの国連大使は、この決議を「ナチスのテロリスト」を支持するものだと一蹴した。しかし、この決議までにイスラエル軍は八〇〇〇人のパレスチナ人を殺害し、そのうちの三〇％は女性、四〇％は子どもたちで、大規模なテロを行っているのはイスラエルのように見えた。「セーブ・ザ・チルドレン」によれば、イスラエルは一〇月二七日までの三週間で、二〇一九年以来世界の紛争で殺害された子どもたちの数よりも多くの子どもたちをガザで殺した。

イスラエルはハマスが一四〇〇人を殺害したと発表していたが、この休戦決議までに九三三人しか確認されなかった。イスラエルの「ハアレツ」紙はそのうちの三六一人が兵士、警官、治安部隊の要員だったとしている。国連総会決議は、イスラエルとそれを支持するアメリカが国際社会でいかに孤立しているかを表すことになった。アメリカとイスラエル以外で反対したのは、東欧四ヵ国（オーストリア、クロアチア、チェコ、ハンガリー）、ラテンアメリカ二ヵ国（グアテマラ、パラグアイ）、そして太平洋の小さな島嶼国六ヵ国だった。

アメリカの世論は、「データ・フォー・プログレス」によれば、六六％が停戦とガザの暴力縮小を望んでいると回答したが、アメリカ議会ではコリ・ブッシュ議員が提出した「停戦と暴力縮小」を求める決議案に署名したのはわずかに一八人で、マイク・ジョンソン新下院議長は、ガザに激しい攻撃を加えるイスラエルに一四〇億ドルの支出を行う法案を提出すると公約した。一〇月二四日、アメリカ議会はガザでのイスラエルの作戦に対する無条件の軍事支援を約束する法案を四一二票対一〇票で可決した。

バイデン政権の外交政策はトランプ時代のものをそのまま引き継いでいる印象で、軍事支出の漸増や、イランとキューバに対する制裁を継続し、ロシアと中国との冷戦をエスカレートさせている。トランプ政権時代に行われたアメリカ大使館のエルサレム移転や、イスラエルにゴラン高原の主権を認めたことなどを修正する様子がなく、独自の政策を追求する意図も意欲も感じることはない。

国際社会では人道的停戦を求めた国連総会決議のように、アメリカの思惑とは離れ、G20、G77や、またASEANやアフリカ連合（AU）、ラテンアメリカ・カリブ諸国共同体（CELAC）のような地域機構が合理的な議論や主張で力をもち始めている。ラテンアメリカではボリビアがイスラエルと断交し、チリとコロンビアも駐イスラエルの大使を召還した。ガザ問題について日本はアメリカの政策とは賢明に距離感をもったほうがよいことは言うまでもなく、イスラエルとの防衛協力についてもイスラエルがガザへの人権を無視した攻撃を行っている以上、その見直しが国際社会での日本の評価を下げないためにも求められている。

イスラエルの「衝撃と畏怖」作戦ではガザは制圧できない

二〇二三年一〇月三〇日、衆議院予算委員会で岸田首相は、それに先立つ一〇月二七日のガザでの人道的停戦を求める国連総会決議案を棄権したのは、ハマスのテロ攻撃への強い非難がなく、バランスに欠いていたからだと述べた。しかし、これは人道的停戦を求める決議で、イスラエルがガザへの水や食糧、電力の供給を止め、イスラエルによる大規模なガザへの攻撃が行われ、ハマスのテロとは何の関係もない市民が大勢犠牲になる中で、「ハマスのテロ攻撃」などにこだわっている場合ではなかった。

一〇月三〇日、イスラエルのネタニヤフ首相はハマスとの停戦はないと言明した。一〇月二七日に国連総会では人道的停戦を求める決議が採択されたにもかかわらず、ネタニヤフ首相はハマスとの戦争を継続する意図を明らかにした。またネタニヤフ首相は「いかなる戦争にも意図せぬ民間人の犠牲はあり得る」と述べたが、イスラエルの場合はガザ地区へのライフラインの供給も止めており、民間人の犠牲を当初から意図しているように見える。イスラエル軍は陸、海、空からガザを攻撃して、猛烈な空爆や砲撃の様子は、イラク戦争で米軍が使った「衝撃と畏怖（shock and awe）」作戦を行っているようだった。

イスラエル国防軍の男女混成部隊「カラカル大隊」はハマスとの戦闘で一〇〇人のハマス隊員を射殺したことを誇った。あたかも日本軍将校が日中戦争で一〇〇人斬りを誇り、中国人たちの恨みを買ったときのようでもあった。カラカル大隊の発表はハマスやガザの人々のイスラエルへのいっそうの反発を招いたことだろう。

一九四五年二月のドイツ・ドレスデン空爆後、イギリスのチャーチル首相は、「ドイツ諸都市への空爆はドイツ人の間の恐怖を増幅させるものだ」と語った。第二次世界大戦中、米英の連合軍はヨーロッパ戦線で二七〇万トンの爆弾を投下したが、そのうち一三六万トンはドイツ本土に向けられたものだった。太平洋地域では連合軍は六五万六四〇〇トンで、そのうち日本本土には一六万八〇〇〇トンが落とされたが、日本への無差別攻撃も日本人に恐怖を植えつけ、日本政府や軍部への支持を失わせることを意図したものであったろう。

イスラエルはハマスの奇襲攻撃があった二〇二三年一〇月七日から二五日までの二週間半の間に、東京二三区の六割程度の広さのガザ地区に一万二〇〇〇トンの爆弾やミサイルを投下した。その間、五八〇〇人ほどのガザ住民が殺害され、ガザは「ヒロシマになった」とも形容された。一九四五年三月一〇日東京大空襲に使われた焼夷弾の総重量は一七〇〇トンだったからイスラエルの攻撃がいかに徹底したものかがわかる（総務省の数字による）。第二次世界大戦後の朝鮮戦争では、投下された爆弾は六九万八〇〇〇トンと著しく増加し、日本と朝鮮半島の焦土化作戦を担ったカーティス・ルメイは北朝鮮、韓国のすべての都市を焼き払ったと述べた。のちにケネディ政権、ジョンソン政権で国務長官となったディーン・ラスクは北朝鮮で動くものはすべて爆撃したと回想している。

ニクソン大統領は一九七〇年にカンボジアで動くものすべてを爆撃せよと命じたが、一九六〇年代半ばから七三年まで米軍は、ベトナム、ラオス、カンボジアに八〇〇万トンの爆弾を投下した。実に太平洋戦争中に日本本土に投下された爆弾の総量の五〇倍にあたる。「恐怖」では人の心を制することはできない。イラクでの「衝撃と畏怖」は失敗し、いわゆる「イスラーム過激派」によるテロは民間人の犠牲を多数伴うアメリカの恐怖戦略に対する報復として行われてきた。イラクやシリアではＩＳによる国家さえも成立し、アフガニスタンではタリバン政権が復活した。また、同様に二〇二三年一〇月七日のハマスによる「テロ」は、イスラエルの恐怖戦略に対する報復だろう。アメリカやイスラエルに欠けているのは（アメリカやイスラエルばかりではないが）、爆弾を落とされ、殺された側の被害者の意識への想像や配慮だ。

病院攻撃――イスラエルのウソの主張が明らかになった

イスラエル軍は二〇二三年一一月、ガザ最大のシファ病院を攻撃したが、その理由は病院の五つの建物すべてがハマスの活動に関連し、病院の地下にはハマスの司令室が置かれ、ハマスのロケット攻撃の指示に使われていたというものだった。イスラエルは患者や入院中の負傷者が犠牲になるのは、ハマスがこれらの病院にいる人々を「人間の盾」として使っているからだと説明し、シファ病院の病棟からハマスのトンネルにアクセスできると主張していた。

アメリカのバイデン大統領も一一月一五日の記者会見で、ハマスがシファ病院の地下に司令室を置いているというイスラエルの主張を繰り返し述べたが、いかなる証拠も示すことはなかった。バイデン大統領は「ハマスによる最初の戦争犯罪」（一〇月七日のハマスの奇襲攻撃）がシファ病院の地下からの指示で行われたと述べた。

しかし、二〇二三年一二月二一日付の「ワシントンポスト」の記事“The case of al-Shifa: Investigating the assault on Gaza's largest hospital”はイスラエルの主張は虚偽だったと断じている。「ワシントンポスト」の記者たちが検証した結果、①イスラエル国防軍によって発見され、トンネルのネットワークにつながっていたとする病室は、ハマスによって軍事的に利用されていたとする直接的な証拠はない、②イスラエル軍のハガリ報道官によってハマスのトンネル網につながっていたとされる病棟は、いずれもハマスのトンネルとは関係がなかった、③病院がトンネルに連結していたという証拠は見つからなかった、という結論が紹介されている。

ハマスによる一〇月七日の奇襲攻撃は、長いパレスチナ問題の「文脈」の中で行われたもので、二〇二三年に限って見ても、イスラエルは一〇月七日までにヨルダン川西岸で二〇〇人以上のパレスチナ人たちを殺害し、ベングビール国家治安相はエルサレムのイスラームの聖地ハラム・アッシャリーフに足を踏み入れ、そこをユダヤ教の聖地に変えると繰り返し述べていた。

「国際刑事裁判所に関するローマ規程」には次のように定められている。

第八条　戦争犯罪(iv)

宗教、教育、芸術、科学又は慈善のために供される建物、歴史的建造物、病院及び傷病者の収容所であって、軍事目標以外のものを故意に攻撃すること。

イスラエルのエフード・オルメルト元首相（在任二〇〇六年五月～〇九年三月）は、二〇〇八年一二月から〇九年一月までのガザ攻撃を指示し、一三〇〇人のパレスチナ人の犠牲者を出した。また彼の在任時代に行われた二〇〇六年七月のレバノン侵攻では、国連レバノン暫定駐留軍（ＵＮＩＦＩＬ）の施設に砲撃があり、中国、フィンランド、オーストラリア、カナダの監視要員ら四人が死亡し、一二〇〇人のレバノン市民が犠牲になった。

スイスの戦争犯罪法（一九二七年成立）では、国籍にかかわらず戦争犯罪に関わった人物に対して裁判を起こすことが可能だが、オルメルトはスイスで逮捕、拘禁されることを恐れて、二〇一九年七月のスイス訪問をキャンセルした。同様に、オルメルトはベルギーでも二〇〇六年七月にレバノン攻撃における人道犯罪で提訴されている。

国際刑事裁判所は、イスラエルの戦争犯罪について調査を行っているが、その対象には数次にわたるガザ攻撃を指示したネタニヤフ首相も視野に入っている。パレスチナは国際刑事裁判所に加盟しており、パレスチナの提訴で、ネタニヤフの有罪が確定すれば、国際刑事裁判所加盟国にネタニヤフが渡航した場合、そこで逮捕・収監される可能性もある。イスラエルがこれ以上戦争犯罪を繰り返さないためにも、二〇二三年のクリスマス期間中の攻撃も「我々は怪物と対峙している」と市民の殺害をいとわなかったネタニヤフの責任は厳しく追及されるべきだ。

「国境なき医師団日本」の会長・中嶋優子医師は二〇二三年一一月一四日、激しいイスラエル軍の攻撃がある中、ガザに入り、ガザ地区南部のハンユニスのナセル病院で医療活動を行った。戦闘再開後、イスラエルがガザ南部の攻撃を強める中で「これ以上は無理、即時の停戦を求めたい」と語った。ナセル病院は廊下やロビーも患者や避難民で溢れ、イスラエルの空爆が続く中、新たに受傷した人々が押し寄せるようになった。イスラエルの空爆は夜間もひっきりなしに行われ、北部から避難してきた医療スタッフもナセル病院で活動するようになった。電力がない時はスマホの灯りを頼りに手術をしたこともあったそうだ。

中嶋医師は、アラブ世界では多くの人が接する、明るく人懐っこい子どもたちも命を落とし、病院は血まみれになった人、亡くなった家族の傍らで泣きじゃくる人々で溢れていると語った。

中嶋医師は、イスラエルが主張するように病院の地下にハマスの司令室があるとか、救急車を戦闘員の移動の手段に使ったりしているなどということは見たことも聞いたこともなかったと語っている。病院まで空爆や攻撃の対象になることは「(非人道的な)レベルの違う人道危機」だと形容した。イスラエル軍はナセル病院があるハンユニスを包囲するように軍用車両を集結させていた(イスラエル紙「ハアレツ」などの報道)。イスラエル軍は「国境なき医師団」の車両までも攻撃するようになっていた。

イスラエルのアンバランスな「人質交換」の背景とパレスチナ人政治犯

二〇二三年一一月二四日、ガザ地区を実効支配するハマスは一〇月七日にとった人質のうち二四人を解放し、他方イスラエルも女性や子どものパレスチナ人政治犯三九人を釈放した。二三年一一月の四日間の休戦期間では五〇人のイスラエル人人質の解放が段階的に行われ、他方イスラエルが収監するパレスチナ人受刑者も一五〇人が釈放されることになった。

イスラエル人の女性や子どもたちの釈放については、ハマスも容易に行うかもしれないと見られていた。民間人の拘束はハマスやパレスチナに対する国際的な同情を失う可能性を高めることになるし、女性や子どものケアはハマスにとっても負担が大きい。

イスラエルは、数えるほどのイスラエル兵と、一〇〇〇人以上のパレスチナ人受刑者との交換に応じてきた。たとえば、一九八五年に日本赤軍の岡本公三は、イスラエル兵三人とパレスチナ人政治犯一一五〇人との交換で釈放された。二〇〇四年にはイスラエル兵士三人の遺体と予備役将校エルハナン・タンネンバウムの身柄の返還を引き換えに、約一〇〇〇人のレバノン人とパレスチナ人の四人の釈放を行った。二〇一一年には、二〇〇六年にハマスが拉致したイスラエル軍曹長ギルアド・シャリート一人とパレスチナ人一〇二七人との交換が成立している。

　このようにイスラエルは人数的にはアンバランスな人質交換を行ってきたが、ハマスやヒズボラなどイスラエルと戦う武装集団にとって、人質にとった兵士たちは「価値」が高いと考えられている。この背景にはイスラエルの宗教であるユダヤ教の伝統も関係しているという見方がある。ハラチャ（ユダヤ教の宗教法）では捕虜になることは個人に起こる最悪の出来事と見なされ、自由な意志で行動できないことは死より悪いものと考えられる。捕虜になった兵士に高い価値を認め、「高い値札」で買い戻すことが教えられている。また、イスラエル建国後、国の安全保障を担い、国家制度の中心にある軍隊の兵士は「国民みんなの子ども」という認識ができ上がり、あらゆる手段を講じて救出しなければならないという考えが社会の大多数のものとしてでき上がった（Shelly Aviv Yeini, "Weighing Lives: Israel's Prisoner-Exchange Policy and the Right to Life," Minnesota Journal of Int'l Law Vol. 27:2, 2018）。

　他方、パレスチナに関する国連特別報告者は二〇二三年の報告書の中で、「一九六七年以来、イスラエル軍が制定、施行、裁定した権威主義的規則の下で、一二歳の子どもを含む八〇万人以上のパレスチナ人が逮捕され拘留されている」と述べている。パレスチナ人は、無許可に入植地拡大に反対するなどの政治的演説を行うと長期拘留の対象となり、証拠もなく有罪とされ、令状もなく逮捕され、起訴も裁判もなく拘留されている。一一月の休戦開始までの政治犯の数は六〇〇〇人余りとも、八〇〇〇人以上とも推定されたが、「行政拘禁」では一ヵ月から六ヵ月間拘禁され、無期限に延長される場合もある。二三年は前半だけでも五七〇人のパレスチナ人の子どもたちが拘留されたが、多くが投石などの微罪によるものだ。

イスラエルの極右「イスラエルわが家」の党首のアヴィグドール・リーベルマン（リーバーマン）元国防相が、パレスチナ人の政治犯たちを死海で溺死させることを提案したこともあった。人質をとる行為は世界人権宣言や「人質をとる行為に関する国際条約」など国際法に違反する行為だが、正当な法的手続きを踏まない「政治犯」の拘留も人質をとる行為に等しいものだ。

第七章

右傾化するイスラエルと、リベラル化するアメリカ

イスラエル・インテリジェンス&テロリズム情報センターにあるハマスの武器（左）と自爆攻撃者の人形（筆者撮影）

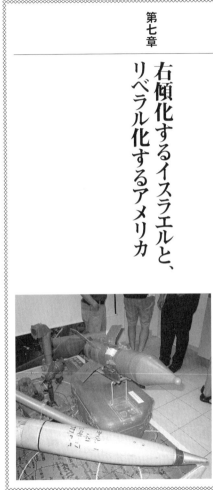

イスラエルの若い世代がタカ派、あるいは極右勢力を支持するのは、彼らが第二次インティファーダを経て、二〇〇五年のイスラエルのガザ撤退を見たからという見解がある。第二次インティファーダでは、二〇〇二年前後にパレスチナ人による自爆テロが多発し、イスラエルが〇五年にガザから撤退すると、イスラエルが支配する領土のいかなる譲歩もすべきではないという考えが生まれた。また、イスラエルの若い世代はイスラエルとパレスチナの和平を進めようとした一九九三年のオスロ合意を知らず、軍務を経た後に右翼思想に染まっていった。

イスラエルでは一八歳から三四歳までの年齢の三分の二が自らを右翼と考えている。そして、二〇二二年一一月一日の総選挙で躍進した極右勢力「宗教的シオニズム」の思想がイスラエル政治の主流となりつつある。「宗教的シオニズム」には、イスラエルのアラブ系住民をイスラエルから追放するという主張があり、イスラエルの四八%の国民がその考えを支持している。その背景にはアラブ系住民の出生率の高さがあり、それがやがて「イスラエルはユダヤ人国家である」というシオニズムの性格を変えてしまうという恐懼があるからだ。

他方、アメリカではZ世代がイスラエルの軍事行動を非難するようになっているが、その相違はどこから生まれるのか考えてみたい。

アメリカのZ世代に読まれるビンラディンの「アメリカへの手紙」

アメリカのZ世代（おおよそ一九九六年から二〇一二年生まれ）の間で、二〇〇二年に「ガーディアン」に掲載されたオサマ・ビンラディンの「アメリカへの手紙」が、あるインフルエンサーによってTik Tokに投稿されると、SNSを通じて広く拡散されるようになった。特に注目されているのは、二三年一〇月に始まるガザ情勢と絡んでアメリカのイスラエル支援を告発した箇所だ。アメリカのZ世代にとって、ガザでの戦争は最初に目の当たりにする悲惨な戦争だという論調の記事も見られるが、Z世代は自国の外交政策の矛盾に気づき始めたようだ。

そのビンラディンの「アメリカへの手紙」のパレスチナに関する部分を翻訳してみると（抄訳）、

　パレスチナはイギリスの委任統治時代も含めて八〇年以上も軍事占領の下に置かれているが、イギリスはアメリカの援助と支援を得てパレスチナをユダヤ人の手に引き渡した。イスラエルはパレスチナを五〇年以上も占領し、その占領はパレスチナ人に対する弾圧、圧政、犯罪、殺害、追放、またパレスチナ社会の破壊、荒廃に満ちたものだ。イスラエル国家の創設と存続は世界最大の犯罪であり、アメリカは世界の犯罪者の指導者である。イスラエル国家自体が抹殺されねばならない犯罪だ。この犯罪に加担して手が汚れたすべての者はその代償を大きく払わなければならない。

となる。

この「手紙」からビンラディンが九・一一同時多発テロを起こした動機がアメリカによるイスラエルへの絶対的な支援にあることをうかがわせている。オサマ・ビンラディンはアメリカの親イスラエル政策や、中東での戦争に憤るものであり、一九九八年五月に次のように語っているが、彼の怒りはまたアメリカの同盟国に対しても向けられている。

（私が）アメリカに対して戦争を呼びかけるのは、アメリカが国内問題や政治への干渉や、抑圧的で腐敗した専制的な支配を行う体制を支持することに加えて、イスラム国家に対する十字軍の先頭に立ち、二つの聖なるモスクがある地に数万の軍隊を送るからだ。これらがアメリカを標的に選んだ理由だ。そしてアメリカ軍への支援を提供する西側諸国もその責任を免れない。西側諸国の軍隊がアメリカの戦争に象徴的に参加するのは、「大イスラエル」と呼ばれるユダヤの、またシオニストの計画を支持するためである。（中略）それは、「大イスラエル」の重要な一部であるアラビア半島の完全な掌握のために、キリスト教の兄弟国を必要とするパレスチナのユダヤ人たちに支援を与えるためである。

（一九九八年五月、ABCテレビのジョン・ミラーとのインタビューでのオサマ・ビンラディンの発言）


こうして見ると、アメリカの軍事行動と一体となり、またイスラエルに接近することがいかに危険かうかがえる。

オバマ元大統領の回顧録『約束された土地（Promised Land）』で、彼はイスラエルを批判する人は「反イスラエル」とレッテルを貼られ、次の選挙では、親イスラエル・ロビー（圧力団体）によって潤沢な選挙資金を与えられた候補と競合せざるを得なくなると述べ、イスラエルを批判することの政治的リスクを強調している。アメリカのイスラエル支援の背景がこのオバマの文章からもうかがえる。オバマは、アメリカの強力な親イスラエル・ロビーのAIPAC（アメリカ・イスラエル公共問題委員会）を「反パレスチナ・グループ」と形容し、この圧力団体はイスラエルのネタニヤフ首相の極右イデオロギーを反映し、たとえアメリカの利益に反していようが親イスラエルの政策をアメリカにとらせようとしていると書いている。

トランプ前政権のダグラス・マクレガー国防総省上級顧問（一九四七年生まれ、陸軍退役大佐）は二〇二〇年一一月に、アメリカの政治家はイスラエルを支持することによって、とてつもなく金持ちになると述べ、政治家がイスラエルを支持するのは、金のみを動機とするものであり、アメリカの親イスラエル・ロビーはアメリカを戦争に引きずり込むと発言した。CNNは一九年に、マクレガーがトランプ政権のポンペオ元国務長官も親イスラエル・ロビーやサウジアラビアなどから金を受け取っていると語ったことも伝えた。また、ボルトン元国家安全保障担当補佐官も親イスラエル・ロビーを無条件に支持することによって、極めて富裕になったとマクレガーは語った。

アメリカのZ世代はそうした政治的不義を嫌う傾向にある。二〇一八年の中間選挙では従来の中間選挙での同世代の二倍投票率が高かった。一八年の選挙ではこの世代の三分の二以上、七〇%が民主党に投票した。この世代は環境意識が高く、また銃撃事件などない安全な生活環境づくりに強い関心があり、質の高い教育を受けることを望んでいる（「ハーバード・ガゼット」二〇二三年四月一四日）。この世代は人種的にも従来と比較して最も多様で、自身の学歴や親の学歴も高い。また政治への参加を望む人が多く見られる。

一〇月一七日にガザの病院が爆破された直後に行われた世論調査（Harvard CAPS-Harris

X poll）では、一八歳から二四歳の世代で、ハマスによるイスラエル市民殺害はパレスチナ人の不満によって正当化されると回答した人が五一％いたのに対して、五五歳から六四歳の世代では正当化されないという回答が八九％、六五歳以上では九一％もあった（「Deseret News」、https://www.deseret.com/2023/11/8/23942938/gen-z-millennial-support-for-israel）。

教育のあるZ世代は、パレスチナ問題の歴史、背景、構造などを知識として最も多く得ている印象だ。リベラルな政治意識が高いこの層がイスラエルに偏ってきたアメリカの中東政策を公平に、肯定的に変化させる可能性が高い。

イスラエルのガザ攻撃で利益を上げる軍産複合体に抗議するアメリカの若者たち

ハマスの奇襲攻撃があった一〇月七日以降、イスラエル国防軍が使用する兵器システムを開発・販売するレイセオン／RTX社の株価は急騰するようになり、レイセオンの幹部たちはイスラエル軍の攻撃のエスカレーションを経済的好機ととらえた。

これにアメリカの若者たちは異を唱え、反発するようになった。マサチューセッツ大学アマースト校のキャンパスでは、学生たちが現在RTXとして知られる兵器製造会社レイセオンとの関係を断つよう大学に圧力をかけるため、抗議活動、スポーツ試合を妨害、また学長室での座り込みを行うようになった。

アメリカの議員たちは軍需産業の株で利益を上げている。たとえば、オクラホマ州選出の共和党のマリン上院議員とハーン下院議員が最初にRTX株を取得して以来、その株価は一〇％上昇し、さらに一〇月七日以降には一八・八五％上昇した（「News Week」Nov.02, 2023、https://www.newsweek.com/politicians-defense-stock-profits-israel-hamas-conflict-1840327）。

アメリカ議会でも軍需産業の工場は下院議員の選挙区、上院議員が選出される州にあるために、軍需産業からの献金や、軍需産業が選挙のために行うメディアを使ったサポートは、選挙戦を勝利するのに欠かすことができず、議員たちも軍需産業が政府から契約を得ることに力を注ぐことになる。

マサチューセッツ大学アマースト校の学生たちは、第一に大学がレイセオン／RTXだけでなく、ボーイング、ロッキード・マーチン、ゼネラル・ダイナミクス、ノースロップ・グラマンなどの軍需産業との取引を放棄し、関係を断たなければならないことを要求している。第二の要求は、大学当局がイスラエルによるガザ包囲の即時停止とアメリカのイスラエルへの資金提供の停止を求めるというものだ。さらに三番目の要求は、大学当局が兵器製造業者との関係を、戦争や兵器のない未来に向けて活動する企業との経済関係に変えるべきだというものだ。

アメリカの大学生たちが世界の矛盾の是正に大きな影響力をもつことは、一九八〇年代にカリフォルニア大学バークレー校の学生たちが、アパルトヘイトの南アフリカ政府とビジネスを行う会社への投資を大学が撤収するように要求したことが、アパルトヘイト廃止に向けて重大な貢献となったことにも見られた。

このことは大学の公式ホームページでも、学生たちの運動を誇るかのように記されている。一九八五年三月にアンドレア・プリチェットなど少数の学生たちは南アフリカのアパルトヘイトに抗議して座り込みを開始した。その時点では多くの学生たちはネルソン・マンデラが刑務所に投獄されていて、またバークレー校が南アフリカに四六億ドルの投資を行っていることを知らなかった。学生たちは次第に関心をもち始め、警察当局が一五八人の学生たちを逮捕すると、運動はさらに盛り上がり、八五年五月に大学当局は学生たちと話し合いの場をもつようになり、八六年七月に大学評議会は南アフリカと取引を行う企業への三一億ドルの投資を撤収することを決定した。それは全米の大学とすれば最大規模の投資撤収だった。バークレー校の運動は世界の反アパルトヘイト運動の先駆けとなり、九〇年にネルソン・マンデラは釈放され、九四年にアパルトヘイトは廃止された（「UNIVERSITY OF CALIFORNIA」、https://www.universityofcalifornia.edu/news/how-students-helped-end-apartheid#:~:text=in%20July%20of,Berkeley%20was%20sealed.）。

世界的な人権団体の「ヒューマンライツ・ウォッチ」はイスラエル軍がガザやレバノン攻撃に白リン弾を使用したことを明らかにしている。白リン弾は環境汚染やパレスチナ人たちの疾病をもたらすものだ。イスラエル軍の爆撃や銃撃からは、やはりガンや出生障害、不妊などを引き起こすタングステン、水銀、コバルト、バリウム、カドミウムなどの金属がまき散らされている。

アメリカの学生たちの、イスラエルのガザ攻撃に対する関心や軍需産業が戦争を起こすことへの理解が、「黒人の命は大切だ（Black Lives Matter）」の運動のように世界的広がりを見せて、今後、イスラエルの非人道的な攻撃に抑制がかかり、またアメリカ政府のイスラエルへの絶対的な支持の姿勢に変化をもたらすことがあることを願わざるを得ない。

世界の若者はイスラエルによる戦争に反対する

米英軍は二〇二四年一月一二日、二日続けてイエメンのフーシ派の拠点を空爆した。フーシ派がイスラエルやアメリカ関連の船舶を攻撃しているのがその理由だが、フーシ派はイスラエルがガザで戦闘を継続する限りは船舶への攻撃を続けると主張している。アメリカに求められているのはフーシ派の拠点を空爆することではなく、イスラエルに停戦を迅速に実現させることではないか。

イスラーム世界に対するアメリカの軍事介入は、反米テロの背景にもなってきた。九・一一の首謀者とされるオサマ・ビンラディンは、湾岸戦争で米軍がイスラームの聖地があるサウジアラビアに駐留することが、イスラームを侮辱するものだと反発していた。イエメンでは、二〇一五年一月にフランス・パリのシャルリー・エブド社を襲撃した「アラビア半島のアルカイダ（AQAP）」が活動していて、米軍のイエメン空爆はこの組織の主張や活動に追い風を与えるものだ。イエメン空爆はバイデン大統領への支持を低下させ、彼の再選への妨げになる可能性がある。バイデン大統領のガザ政策はアメリカのリベラル層、若年層に不人気だからだ。

アメリカのカリフォルニア大学バークレー校・政府研究所（Institute of Governmental Studies）が二〇二四年一月四日から八日にかけて八一九九人を対象に英語・スペイン語で実施した世論調査が「ロサンゼルス・タイムズ」（二月一二日）に掲載された。そこで明らかになったのは、三〇歳以下の若い有権者はイスラエルよりもパレスチナに共感していることだ。三〇歳以下ではハマスがガザで権力の座にとどまったにしても、イスラエルは停戦に応じるべきだと考える人が五五％、反対が一八％だった。それが六五歳以上の世代だと五二％が、ハマスが存続できなくなるまでイスラエルは戦闘を継続すべき、それに反対するが三二％だった。三〇歳以下では四四％がイスラエルよりもパレスチナに共感し、わずかに一四％がパレスチナよりもイスラエルに共感すると回答した。六五歳以上の世代だと四六％がイスラエルに、一三％がパレスチナ、三二％が双方に共感となっている。

パレスチナ問題の二国家解決については、世代を超えて四七％が賛成、二五％が見解なし、一一％がイスラエルの単独支配に賛成、他方ハマスの目標であるパレスチナのアラブ人による単独支配を支持する人は全体ではわずかに三％だったものの、三〇歳以下の回答者では七％が、また自らをリベラルと見なす層の八％がハマスの主張するアラブ人統治を支持している。五五％の有権者はバイデン大統領のガザ問題に対する取り組みを支持せず、三三％が支持と回答した。しかし、リベラル層の六四％はバイデン政権の取り組みを支持せず、また六七％の保守層はバイデン政権のガザ問題に対する姿勢に反対を表明した。三〇歳以下では反対は六九％と高く、バイデン大統領にとって若年層から支持を得られないことは、二〇二四年の大統領選の重要なカギとなる可能性がある。

「ガーディアン」（一月七日）の「若い有権者はバイデン当選に貢献したが、今年は彼を見限るかもしれない（Young voters helped Biden to victory. They may abandon him this year）」という記事では、世界の環境運動に従事する若者たちは圧倒的にパレスチナとの連帯を表明し、イスラエルを批判することは「反セム主義」で不当だという批判を断固拒否すると伝えている。こうした考えは、環境活動家のグレタ・トゥーンベリがＣＯＰ28で「ガザとともに起ちあがれ」というプラカードを手にしたことで加速された。

戦争は最大の環境破壊であるという認識は多くの若者に共有され、また気候変動による農地の減少が食糧を求める難民・移民の問題を引き起こし、食糧や水の供給に対する不安を増大させ、生態系を破壊していると考える若年層にとって、イスラエルの空爆や砲撃が気候変動と同様の問題を招いていることを想像することは難しいことではないと記事には書かれている。ヨルダン川西岸でイスラエルの伐採からオリーブの木を必死で守ろうとするパレスチナ人女性の姿も環境活動家たちの共感を招くことになった。

戦争は、大気、水、土壌を汚染し、野生動物の生態系を脅かし、爆発、火災、建物の崩壊によって有毒ガスや鉛やカドミウムなどが空気や飲料水に混入し、粒子状物質の拡散は人体の健康に否定的影響を及ぼす。汚染物質は風下や河川の下流に運ばれるために、ガザでの環境汚染は国境を越えて広がる可能性がある。世界の若い世代は地球の将来から最も影響を被る人々で、年配の世代よりも切実に戦争の問題を捉えていることは明らかだ。

第八章

イスラエルの極右主義は中東イスラーム世界の大変動をもたらすか？

防空システム「アイアンドーム」（IDF Spokesperson's Unit）

ネタニヤフ首相を含めたイスラエルの極右勢力は、「イスラエル国家の抹殺」を唱えて核エネルギー開発を進めているイランに対する攻撃を唱道してきた。イスラエルはハマスやレバノンのヒズボラ、またシリアで活動するイラクの民兵集団などイスラエルと敵対し、イランと親密な関係にある武装集団に取り囲まれ、やはりイランから武器を供給されているイエメンのフーシ派も、イスラエルのガザ攻撃が始まった二〇二三年一〇月、イエメン沖でイスラエル関連の船舶を拿捕したり、攻撃したりしている。アメリカ・トランプ政権のボルトン補佐官は二〇一五年にイランの核の脅威を除くには、イランのアヤトラ（アーヤトッラー：高位聖職者）たちを排除することだと述べた。二〇一九年のイラン革命記念日のビデオ・メッセージでは、イランのハメネイ最高指導者に向けて、今後それほど多くの革命記念日を祝うことはできないだろうと語りかけた。イスラエル極右勢力の世界観は中東の大変動をもたらすだろうか、その可能性を考える。

紛争、不安定が拡大する中東地域

イスラエルのガザ攻撃は中東でその戦域を広げている。レバノンの武装集団ヒズボラ（ヒズブッラー、神の党）は二〇二三年一二月一六日、自爆ドローンによる攻撃でイスラエル兵一人を殺害した。イエメンのフーシ派も同日、イスラエル南部の港湾都市エイラトに向けて多数のドローン攻撃を行ったと発表した。他方、やはり同日、アメリカ中央軍は紅海でフーシ派の攻撃用ドローン一四機を撃墜し、イギリス海軍も駆逐艦HMSダイヤモンドが一機のフーシ派の無人偵察機をヴァイパー対空ミサイルで撃墜したと発表した。人質たちが白旗を手にしていたにもかかわらず、イスラエル軍がイスラエル人人質三人を誤って殺害したことが報じられており、イスラエル軍の戦闘行為が国際法を逸脱したものであることをうかがわせている。

イエメンのユダヤ教は二〇〇〇年の歴史をもっていて、イエメンのユダヤ人たちは一八六九年にスエズ運河が開通し旅行が容易になると、エルサレム、ジャファ、あるいは他の地域のパレスチナの農業共同体に移住していった。そして一九四七年一一月に国連パレスチナ分割決議が成立すると、イエメンのユダヤ人たちは南部のアデンで八二人が殺害され、ユダヤ人の住宅も多数破壊されるなど暴力の対象となっていった。イエメンでの生活に見切りをつけたユダヤ人五万人が五〇年までにイスラエルに移住していった。このほか、イエメンは一九四八年の第一次中東戦争に参戦するなどパレスチナ問題に強い関心をもち、アラブの大義に寄り添ってきた。フーシ派はサレハ独裁政権時代の軍備を引き継ぐなどイエメン軍と言ってよいほどの軍事力をもっている。

スエズ運河からイエメン沖のバーブ・エル・マンデブ海峡を通過する世界の海運は一〇

世界の海運関係地図

%を占め、また世界の石油輸送の一二%が同海峡を通過する。イエメン沖が危険な状態になっているのを受けて、世界の主要な海運会社は紅海とスエズ運河を通過するルートを避け、アフリカ大陸南端の喜望峰を通過する航路を選択するようになっている。BBCによると、その中にはフランスのCMA CGM、デンマークのマースク、ドイツのハパックロイドも含まれる。

スエズ運河やバーブ・エル・マンデブ海峡を通過しなければ、船舶の航行距離は一万海里（陸地で一万二〇〇〇マイル以上）、八日から一〇日もの余計な距離や日程がかかり、その分船舶の燃料や船員たちの食糧などの追加費用が必要だ。海運料も上昇することは間違いなく、インフレなど日本を含めて世界経済にも重大な影響を与えることになる。

レバノンでは八〇％の人々がハマスによる一〇月七日の奇襲攻撃を支持しており、また三二％の人々がヒズボラのイスラエルへの姿勢を手ぬるいと感じている（「アル・アフバル」紙の世論調査）。パレスチナ問題におけるイスラエルやアメリカによる「不正義」はアラブ諸国の人々に広く共有されていることは疑いがない。イスラエルのガザ攻撃が長引き、犠牲者が増えれば増えるほど、中東での戦域は拡大し、いっそう不安定になっていく様相だ。二〇二三年一二月一五日、イラクのアルアサド基地に駐留する米軍がドローンによる攻撃を受けた。イラク駐留の米軍への攻撃が始まった一〇月一七日以来少なくとも九八回目の攻撃になるという。さらなる不安定な情勢やテロ、紛争を避けるためにもイスラエルの早期の停戦が求められていることは言うまでもない。

イエメンのフーシ派は、イスラエルがガザを攻撃する限りイスラエル関連の船舶を襲撃する姿勢でいるが、パレスチナ人というイエメンと同じアラブ民族がイスラエルの軍事攻撃で大量に殺害される事態はアラブ人の民族的誇りを傷つけるものだ。

イラク戦争が始まった頃、NHKのテレビ番組「視点・論点」で、元イエメン大使の秋山進が「アラブの誇りとナショナリズム」というテーマで解説をしていた。

アラブ世界は列強の一つである大国ロシアを破り、アメリカの原爆投下を克服して焦土から復興した日本がその技術と繁栄を石油に依存していることを熟知し、日本の挙動を熱い目で見守っていると語り、「民族がひとたび生きることを欲するならば、扉は必ず開けそれに応えてくれるであろう」というアラブの詩人の言葉を、アラビア語で板書しながら説明していた。

秋山元大使は九・一一の同時多発テロの頃、筆者が、「アメリカは自らがテロに遭う要因を自省できていない」という文章を「共同通信」の配信記事で書いたところ、賛同のハガキを送ってくれた。秋山の「初めてイエメンのサナアを訪れた時、空から見たサナアの夜景は、香港が一〇〇万ドルならばサナアは一ドルという感じでした。人は貧しいほど情が深いんですよ。」という文章にも接したことがある。

東京外国語大学の黒木英充教授は、「アラブの人々は「カラーマ（尊厳）」を大事にし、そのために生きていると言っても過言ではない。」と語る。アメリカはイスラエルがガザ地区を空爆し、市民の被害が出てもなおイスラエルに武器を供与している。アメリカもイスラエルも、アラブの「カラーマ」を傷つけているという思いはアラブ世界で広く共有されていることは間違いない。アラブの人々の「カラーマ」に配慮し尊重しなければ、アメリカはテロなどの被害を今後も受けることがあるだろう。

イスラエル最大の安全保障上の脅威、ヒズボラ

イスラエルがダヒヤ・ドクトリンを考案して脅威を除こうとするヒズボラは、レバノンへの「革命輸出」の受け皿としてイランからは考えられてきた。一九八二年にヒズボラの活動が開始されると、イランは、当時レバノンに駐留していたアメリカやイスラエルをレバノンから駆逐し、またイスラエルの影響を受けるマロン派支配を終焉させようとした。実際、ヒズボラのイスラエル軍に対する武力攻撃によって二〇〇〇年五月にイスラエル軍がレバノンから撤退したことは、イランのレバノンに関する目標を具現化することになり、「聖戦による勝利」とイスラーム世界から称賛された。

イランによるヒズボラへのロケット弾の供与は、シリア・アサド政権の協力があって可能と考えられてきた。イラン製のロケット弾は、イランの輸送機や旅客機でダマスカス国際空港まで運搬されて、ヒズボラのメンバーかイラン革命防衛隊が、陸路でレバノンのベカー高原まで輸送してきた。さらに、シリアが二〇〇五年二月に発生したハリリ元首相暗殺事件で国際的な批判を浴び、シリア軍が同年四月にレバノンから撤退すると、イランは直接輸送機でベイルート国際空港まで輸送するようになった。〇六年七月中旬に始まったレバノン攻撃で、イスラエル軍が真っ先にベイルート国際空港を空爆したのは、イランか

らヒズボラへのロケット弾の移転を断つ目的があった。

イスラエルが特に恐れているのは、イスラエルで人口三番目の都市ハイファがヒズボラのロケット攻撃にさらされ、その周辺にある石油化学工場や石油精製施設が破壊されることである。これはイスラエル経済や、そのエネルギー安全保障にとって重大な意味をもつものだ。特にハイファの石油精製施設はイスラエルに二ヵ所しかない精製施設の一つで、さらに、ハイファ港や、イスラエルのハイテク産業が集まるハイファ近郊のマタム・パークが攻撃されれば、イスラエル経済に与える影響は計り知れない。

イスラエルは、ヒズボラのロケット攻撃の脅威に備えるために、ロケット防衛システムの開発に乗り出し、アメリカのノースロップ・グラマン社や他のイスラエルの小規模な軍需産業がその契約を請け負い、防空システム「アイアンドーム」を作り上げた。一方、イスラエルがロケット防衛システムを開発している間にヒズボラはイスラエルに対するロケット弾の撃ち込みを継続させ、またイランは核エネルギー開発を進めるようになった。イスラエルがダヒヤ・ドクトリンを生み出した二〇〇六年のイスラエル軍のレバノン侵攻は、ヒズボラや、それを支援するイランへの脅威が高まる中で開始、実行されたものだったのである。

イラン革命防衛隊は、一九八〇年代の初頭からレバノンのヒズボラ支配地域で活動を行い、ヒズボラに対して武器の供給、軍事訓練、さらに空爆や砲撃に耐えられる武器庫の建設などを支援してきた。レバノンにおける革命防衛隊の行動は、二〇〇〇年代になって強化されたとイスラエルやアメリカは見ている。革命防衛隊によるヒズボラ支援は、イスラエルやアメリカのイランへの重大な懸念を生む要因となってきた。「イスラエル国家の解体」を唱えるイランが核兵器を保有し、それがヒズボラに移転される事態は、イスラエルやアメリカにとって絶対に避けたい事態であることは間違いない。「イスラエル国家の解体」は革命の指導者ホメイニが唱えたスローガンで、ことあるごとにイランの政治指導者や革命防衛隊の指導者たちによって唱えられてきた。

二〇〇六年七月から八月にかけてのヒズボラ戦争は、イスラエルにとっては深刻な結果をもたらした。ヒズボラは、数百発とも思われるほどのロケット弾をレバノン南部からイスラエル北部に放ち、そのロケット攻撃は戦争が終わる前日まで継続した。

また、ヒズボラは、イスラエル兵士を誘拐しては、イスラエルに拘束されたメンバーの釈放を要求しているが、イスラエル軍兵士が誘拐されたことが、ロケット攻撃とともに二〇〇六年七月から八月にかけてのイスラエル軍のレバノン侵攻となった。レバノンでは、一九八〇年代にシーア派の武装集団などが頻繁に欧米人を誘拐してイスラエルや欧米諸国がレバノンに介入しないように訴えた。一九八三年一〇月、レバノンのベイルートでアメリカ海兵隊兵舎が自爆攻撃に遭って二四一人の米軍の将兵たちが犠牲になったが、この事件の背後にもイランがいるとアメリカは主張した。アメリカも、ヒズボラはレバノンにおいてイランの利益を代弁する勢力であると見たことから、アメリカのヒズボラに対する警戒は、地中海地域におけるアメリカの安全保障上の優先課題となった。二〇二三年一〇月にイスラエルがガザへの攻撃を開始するやいなや東地中海に空母二隻を派遣したのも、アメリカがいかにヒズボラを警戒しているかを表すものだった。

ヒズボラのイスラエルに対する闘争のスタンスは、レバノンでどのような政権が誕生しようとも変わりがない。ヒズボラは、支配するベイルート南部で救貧活動、医療、教育を行い、続々とメンバーの数を増やしてきた。ベイルート南部ではイランのハメネイ最高指導者の写真も掲げられており、ヒズボラとイランは敵国であるイスラエルに関する情報収集で協力を行っていると見られている。さらにイラン革命防衛隊はヒズボラへの武器の供給を継続して行っており、ヒズボラの戦闘能力はレバノン正規軍よりも強力で、イスラエルにとっては手ごわい敵対勢力であり続けている。ヒズボラがイスラエルにとって重大な脅威であると見なされていることも、住民に対するダヒヤ・ドクトリンという徹底的な殺戮・破壊戦略につながっている。

イスラエルに報復を誓うイラン

二〇二四年一月二日、イスラエルはレバノンの首都ベイルートで、ハマスのサーレハ・アル・アルーリー副政治局長を殺害したことを明らかにした。アル・アルーリーの殺害にはドローンが用いられたが、こうした殺害がレバノンの主権を無視して行われていることは言うまでもない。ドローン攻撃はアメリカもオバマ政権などが多用したが、法的手続きもなく他国の主権を侵害して行われてきた。いずれにせよ、レバノンのヒズボラが報復を誓うなど、イスラエルの標的殺害が地域情勢をさらに悪化させる懸念がある。

イランの南東部のケルマーンでも一月三日、二回の爆発があり、一〇〇人余りが犠牲になっている。二〇二〇年一月にアメリカのドローン攻撃で亡くなったソレイマニ司令官の追悼式典中に事件が発生したもので、イランではこれまでにも、二〇一七年六月に首都テヘランで同時多発テロが発生し、一三人が死亡、また一八年九月に南西部アフワーズの軍事パレードで二九人が死亡するテロがあった。どちらもＩＳによるものと見られたが、二〇二四年一月三日のテロについてライシ大統領は「イスラエルは重い代償を払う」と発言し、イスラエルによる犯行と考えている。ケルマーンでの爆発はＩＳが犯行声明を出したものの、それでもなおイランの指導者たちがイスラエルの関与を疑うのは、イスラエルがイラン国内でテロ活動を行ってきたと考えられているためだ。イランでは二〇一〇年に核物理学者が立て続けに三人殺害され、さらに二〇年一一月に核物理学者のモフセン・ファフリーザーデが首都テヘラン近くのアーブサルドの町で銃撃されて死亡したことがある。一連の核物理学者の殺害にはイスラエルの情報機関の関与が疑われている。

ヨーロッパ植民地主義に倣ったガザ攻撃

イスラエルのガザ攻撃は、ヨーロッパの植民地ナショナリズムに倣ったもので、イスラエルはイギリスが植民地で用いた先住民の鎮圧政策（イギリスは「先住民の平和化」と呼んでいる）に倣い、軍や警察で先住民（＝パレスチナ人）の抵抗を封じ込めた。旧ロシア帝国出身者は一九〇五年のロシア革命の過程で得たテロの手法によってできるだけ多くの土地を手に入れ、イギリスやアラブをパレスチナから駆逐するという発想をもったが、そうした伝統が現在も根づいている。

アラブという先住民がいるパレスチナをユダヤ人の「民族郷土」にするために、現在イスラエル最大の銀行であるレウミ銀行前身の「ユダヤ植民地トラスト」がパレスチナでのユダヤ人の入植を財政的に支援した。シオニストの入植者たちは、パレスチナ社会に溶け込むことよりも、パレスチナ社会から隔絶された植民地を築いていった。現在でもヨルダン川西岸で行われるイスラエルの入植はパレスチナ人の土地の接収、財産の強奪、さらにはパレスチナ人の追放や、脅迫、殺害という手段に訴えている。

ユダヤ人たちのパレスチナでの入植が始まると、パレスチナ人たちにはそれが自分たちの土地を奪うものであることが判明し、抵抗した。それに対応するために、旧ロシア帝国出身のユダヤ人入植者たちは民兵組織を設立していく。それがアブラハム・シュテルンの創設した武装集団「レヒ」などの活動になっていった。レヒはイギリス資本の銀行を強盗したり、またイギリス委任統治当局と戦うためにナチス・ドイツとの協力の可能性を検討したりした。イギリスからは「テロリスト」と呼ばれていたシュテルンが、イスラエルでは尊敬、称賛される人物となり、暴力的にパレスチナ人を追放する発想がイスラエルには根づいている。

二〇二三年八月六日、イスラエルの極右閣僚のベングビール国家治安相はパレスチナ人を殺害したイスラエル人入植者を称え、彼に名誉の勲章を与えるべきだと発言した。現在のイスラエルが暴力的性格をいっそう強めているのも、イスラエル建国の経緯やパレスチナへの入植開始から続く強硬なイデオロギーが背景となっていることは明らかだ。

パレスチナ人指導者・科学者たちの暗殺を外国で企てるイスラエル

「ウォールストリート・ジャーナル」は二〇二三年一二月一日、ネタニヤフ首相がガザでの戦闘終結後にハマスの指導者を世界各地で暗殺するように、イスラエルの情報機関に指示を与えたことを伝えた。即座に思い出すのは一九七二年のミュンヘン・オリンピックでイスラエルの選手・コーチ一一人が殺害された後に、イスラエルが報復としてPLOの指導者たちをヨーロッパで次々と暗殺した「神の怒り作戦」だ。この作戦はスティーヴン・スピルバーグ監督の映画「ミュンヘン」にも描かれている。しかし、こうした暗殺作戦がイスラエルの安全保障を確実にするとは思えないし、他国の主権を無視してパレスチナ人組織の指導者たちを殺害することは国際社会におけるイスラエルのイメージを著しく損なうことになっている。PLOは現在でも活動を続け、その中の急進派（PFLP、パレスチナ解放人民戦線）などはイスラエルに対する武力闘争を継続している。暴力で暴力を制することなどは到底できない。

ミュンヘン事件後、イスラエルの対外情報機関モサドはローマに居住していたパレスチナ人の翻訳家ワエル・ズワイテルをまず「処刑」した。ズワイテルはPLOのアラファト議長の従兄弟で、ミュンヘン事件を起こしたパレスチナ人の武装組織「黒い九月」のメンバーとも見られており、彼は一九七二年一〇月一六日の夕刻に歩いて帰宅する際に、自宅アパートのエレベーターの前で射殺された。

マフムード・ハムシャリーは、イスラエルによれば、フランスにおける「黒い九月」の最高指導者だったが、一九七二年一二月にパリのアパートで電話の受話器を取り上げた際に爆弾が炸裂して亡くなった。また、七三年七月二一日、イスラエルはノルウェーのリレハンメルのレストランで働いていたモロッコ人ウエーターのアフメド・ブーシキーを、「黒い九月」の指導者の一人であるアリー・ハッサン・サラメと間違えて、映画館から出てきたところを妊娠している妻の前で射殺した。モサドは、このように、ローマ、パリ、リレハンメルなどで暗殺作戦を次々と実行していったが、他国の主権を侵しての暗殺はイスラエルへの国際的評価を著しく下げるものであった。ノルウェーの当局はブーシキー射殺に関わったモサドの要員たちを国外逃亡の前に逮捕して、六人に禁固刑を科した。

アリー・ハッサン・サラメは結局一九七九年一月に自動車に仕掛けられた爆弾によってレバノンのベイルートで殺害されたが、彼のほかに八人が爆発の巻き添えになって亡くなった。パレスチナ人たちは「神の怒り作戦」で殺されたパレスチナ人たちの多くは「黒い九月」とは関係がなかったと主張している。

それにもかかわらずモサドはパレスチナ人指導者たちに対する暗殺作戦を継続した。一九八八年四月にチュニスでPLOの軍事部門の指導者であるアブー・ジハード（ハリール・アル・ワズィール）を殺害した。アブー・ジハードがインティファーダ（蜂起）を扇動し、イスラエル人に対するテロの黒幕と考えられたためだった。また、九五年一〇月には「イスラーム聖戦」の指導者であるファトヒー・アル・シャカーキーをマルタ島で暗殺した。

二〇一六年一二月にはハマスと関係があるとされたチュニジアのドローン開発の技術者のモハメド・ザワーリーがチュニジアで殺害された。チュニジア当局は、レンタカーの中で犯行に使用された拳銃とサイレンサーを押収した。一八年四月二一日にはマレーシア・クアラルンプールのモスクの入り口で、ハマスのメンバーである科学者のファーディ・ムハンマド・アル・マトシュが暗殺された。マレーシア当局も外国のエージェントによって殺害されたことを認めている。

二〇一八年七月二二日、ガザ出身の二人のパレスチナ人の死亡がアルジェリアで確認された。二人は技術者のスリーマン・アル・ファッラーと医師のモハメド・アルバナーだったが、彼らはアルジェリアでその専門分野の研究に従事していた。アルジェリアのパレスチナ大使館は、死因はガス中毒か、感電死したと家族に話したとされるが、パレスチナ人の間ではイスラエルの情報機関モサドに暗殺されたという見方が根強くあった。こうした憶測が流れるのも、パレスチナ人の科学者たちが世界各地で暗殺されているからにほかならない。

自国の安全のためならば、外国でも暗殺によって危険人物を排除するというイスラエルの姿勢や、またそれを擁護するアメリカ政府はともに、イスラーム系諸国をはじめ国際社会から反発され、世界的規模の暴力を果てないものにしている。映画「ミュンヘン」でスピルバーグ監督は暴力の連鎖がいかに意味のないものであるかということを描きたかったと述べているが、ネタニヤフ首相がハマスの指導者を外国でも殺害すると言い切っていることも、スピルバーグ監督の言葉をあらためて彷彿とさせるものだ。

第九章

パレスチナ和平に世界の世論の後押しが求められている

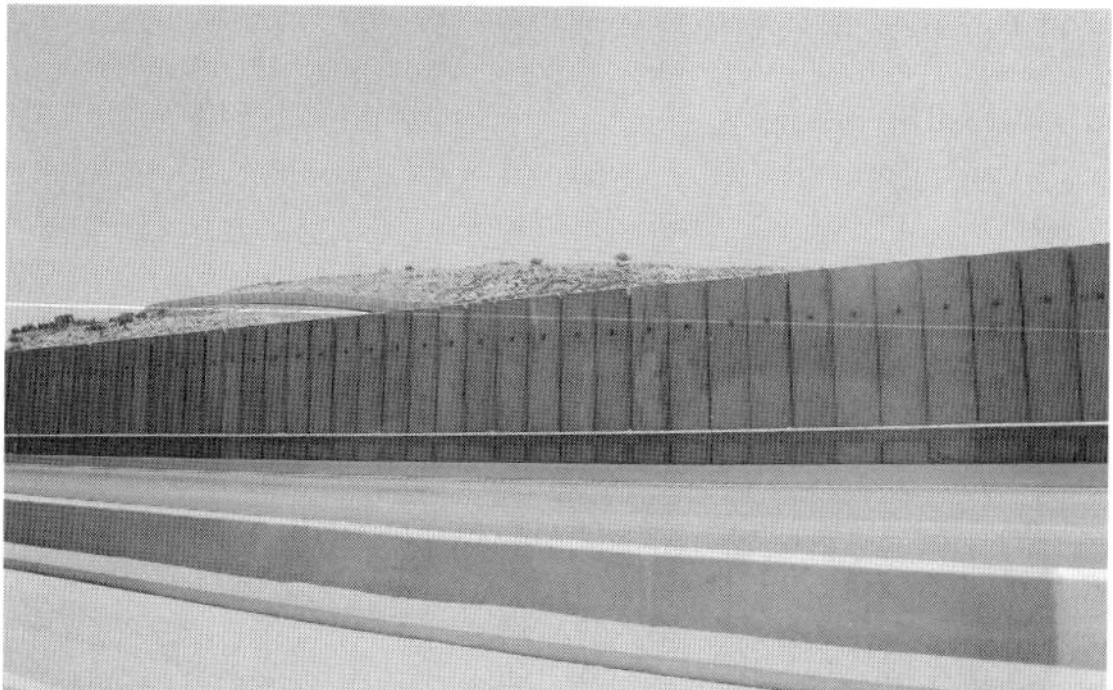

ヨルダン川西岸の分離壁（筆者撮影）

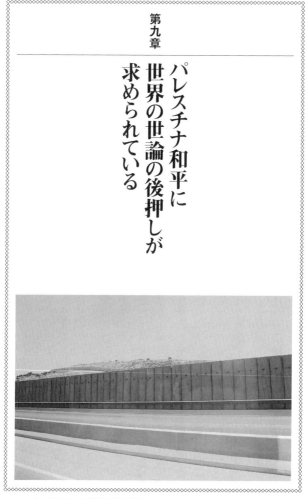

世界は平和を求めた

二〇二三年一一月下旬、イスラエルとハマスの休戦合意が成立した。頑なにガザを攻撃するネタニヤフ政権に休戦を決意させたのは世界の世論の役割が大きい。

アメリカのサンフランシスコとオークランドを結ぶベイブリッジでは一一月一六日、五〇人ほどのグループが朝のラッシュアワーにクルマで乗り付け、停車させ、クルマのキーをサンフランシスコ湾に投げ込み、通行を妨害して、ダイ・インでイスラエル軍のガザ攻撃に抗議の意思を表明した。ワシントン州のタコマ港ではイスラエルへの軍需物資を輸送する船舶の航行を妨害する行動もとられ、またイギリス・ケントにある軍需企業BAEの兵器工場からのイスラエル向けの武器輸送を妨害するために、港湾の封鎖が試みられた。若年層を中心とするアメリカ国内の反戦運動の高まりにバイデン大統領も応じざるを得ず、イスラエルに休戦を受け入れさせるための圧力をかけた。

イスラエルのガザ攻撃は中東の戦域を広げることになり、既述の通りイエメンではフーシ派がイスラエル関連の船舶を乗っ取った。イエメンとジブチを結ぶバーブ・エル・マンデブ（「悲嘆の門」などの意味）海峡はカタールがヨーロッパに輸出する液化天然ガス（LNG）が通過し、ロシアのウクライナ侵攻以降、ヨーロッパ諸国にとっても、バーブ・エル・マンデブ海峡は「生命線」と言えるような状態になっている。海峡の幅は三〇キロしかなく、海運や地政学上重要な「チョークポイント（締められることで、苦しむポイント）」だ。

一九八二年六月にメナヘム・ベギン政権のイスラエルは、レバノンのPLO（パレスチナ解放機構）を駆逐することを図ってレバノン侵攻を行い、ベイルートを空爆し、一万七〇〇〇人のパレスチナ難民やレバノン人市民が犠牲になった。アメリカは停戦の仲介を行い、停戦合意では、レバノンからPLOが撤退し、イスラエル軍が首都レバノンの外に留まることになった。同年八月にレーガン政権は、アメリカ海兵隊をレバノンに派遣し、またフランス軍やイタリア軍もそれに従って駐留するようになった。

同じ八月下旬にレバノン・マロン派の親イスラエル民兵組織「ファランヘ党」の指導者バシール・ジェマイエルがレバノン国会によって次期大統領に選出されたが、九月一四日、就任する前に彼は爆殺された。これによってイスラエルは停戦合意を破棄して、サブラー・シャティーラというパレスチナ人難民キャンプを含む西ベイルートを占領したが、難民キャンプには数千人のパレスチナ人が暮らしていた。

イスラエルのアリエル・シャロン（一九二八～二〇一四年）国防相は、PLOの「テロリスト」がサブラー・シャティーラに身を潜めていると主張したが、そこにはイスラエル軍をベイルートに進駐させたいシャロンのウソがあった。

ジェマイエルの報復に立ったファランヘ党の民兵たちは、九月一六日夕刻からイスラエル軍の照明弾発射などの協力を得て、難民キャンプの住民たちの虐殺を行い、二〇〇〇人から三〇〇〇人とも見積もられる難民たちが犠牲になった。アリエル・シャロンと同様の理屈で現在、イスラエルはガザの病院や学校を攻撃しており、人道に反するイスラエルの攻撃は世界の世論の反発を招いていることは周知の通りだ。

一九八二年のイスラエル軍の強硬なレバノン侵攻は、文字通り国際社会の反発を招き、国際社会におけるイスラエルのイメージを著しく低下させることになった。サブラー・シャティーラ事件の約一年後の八三年八月、ベギン首相は突然辞意を表明し、イスラエル政治の表舞台から姿を消した。それ以前の同年三月シャロン国防相も虐殺事件の責任をとって辞任した。彼らの辞任にはレバノン戦争の一連の事件によって国際的な批判を受けたことが大きく原因していた。

暴力の行使は逆効果――ハマスを支持するパレスチナ世論

ヨルダン川西岸ラマラ（ラマッラー）の調査機関によって行われた世論調査が二〇二三年一二月二三日に発表されたが、ガザがイスラエルの攻撃によって荒廃したにもかかわらず、ガザで五七％、ヨルダン川西岸で八二％のパレスチナ人住民が一〇月七日のハマスによる攻撃を支持している。また、ハマスはエルサレムのイスラームの聖地を守り、パレスチナ人の政治犯の釈放のために行動したと思われている。さらに、この世論調査ではパレスチナ住民の九〇%近くがパレスチナ自治政府のアッバース議長の退陣を望んでいる。アメリカはガザでの戦闘が終わった後に、パレスチナ自治政府がガザの統治を担うことを望んでいるが、パレスチナ人の民意はアメリカの構想をまったく支持していないことが判明した。パレスチナ自治政府は腐敗と反対派の抑圧、イスラエルの治安部隊への協力などで評判が良くない。

日本の外務省は二〇一〇年一一月に「中東和平に対する日本の立場」を発表したが、その中で東エルサレムを含むヨルダン川西岸におけるイスラエルの入植活動の完全な停止を求めている。外務省の飯村豊日本代表（当時。中東地域及び欧州地域関連）はインタビューの中で「将来のパレスチナ国家の中核となる肝心の西岸の地域にイスラエルの入植地が広まり、今では40万人前後のイスラエル人が居住し、虫食い状態となっています。（中略）パレスチナ人の入植地に対する怒りは私個人としても共感を覚えています」と述べている（「INDIGO MAGAZINE」、http://news-magazine-indigo.blogspot.jp/2014/08/blog-post_9.html）。

日本政府は、イスラエル・パレスチナの二国家解決にあたり、その境界は一九六七年の第三次中東戦争の停戦ラインを基礎として、自立できるパレスチナ国家と安全な環境の下に置かれるイスラエルの共存を実現すべきだと訴え続けている（「中東和平についての日本の立場」、https://www.mofa.go.jp/mofaj/area/middleeast/tachiba.html）。

イラク戦争では、ブッシュ大統領の戦争を直ちに支持した日本政府だったが、パレスチナ問題については一貫して二国家共存を支持し、「パレスチナ子どものキャンペーン」などの日本のNGOなどを通じてガザ支援を熱心に行ってきた。ぶれない日本の姿勢がパレスチナの人々の信頼や、支持、共感を得ているのだ。

アルジェリア独立戦争のイスラエルへの教訓

イスラエルはガザ地区の住民たちを軍事力でねじ伏せ、彼らをハマスから離反させるつもりであることはダヒヤ・ドクトリンのところで触れた。イスラエル軍はガザ住民たちの苦境をもたらしたのはハマスの責任だと思い込ませるため、無差別で大規模な攻撃を行っている。しかし、凄惨とも思えるほどの軍事力の行使は人々を屈服させることができないばかりか、住民たちの闘争心や抵抗の意思をいっそう強化させ、かえってハマスへの支持を高めることになっている。

イスラエルのガザでの過酷な戦いはかつてのフランスのアルジェリア強権支配を彷彿とさせる。イスラエルはフランスのアルジェリアでの体験に学ぶべきだ。

第二次世界大戦では一三万四〇〇〇人のアルジェリア人たちが自由フランス軍に参加し、一万八〇〇〇人が戦死した。アルジェリア東部のセティフの町では一九四五年五月八日、ナチス・ドイツに対する戦勝パレードに五〇〇〇人のアルジェリアのムスリムたちが参加を促されたが、彼らはパレードで戦勝を祝うのではなく、アルジェリアに対するフランス支配の終焉を叫ぶようになった。

このとき、鎮圧のためにフランス軍やフランス人入植者が動員されたが、入植者一〇二人が殺害されると、続く二週間でフランス軍、警察、入植者たちは四万五〇〇〇人のアルジェリア人たちを虐殺した。一〇月七日以来のガザ地区の犠牲者が二万三〇〇〇人ほど(二〇二四年一月一四日現在)だからフランスの弾圧がいかに過酷であったかがうかがえる。

フランス人入植者たちはアルジェリア人たちをあたかも「害虫」のように非人間的に扱い、一九五四年一一月に独立戦争が開始されるまでに数千人のアルジェリア人が殺害されたと見られている。さらに、独立戦争は全人口の二割に当たる一五〇万人のアルジェリア人が命を落とすほど凄惨なものだったが、アルジェリア人たちの強固な抵抗の前にフランスは結局アルジェリアに独立を認めざるを得なかった。一九四五年五月のセティフの弾圧は九年間の比較的平和の時期をつくることになったが、アルジェリア人を屈服できなかったばかりか、彼らの抵抗の意思をいっそう煽ることになった。

一三〇年間のフランスの植民地主義支配を受けたアルジェリアは、同様にイスラエルの植民地主義の下で不自由で、経済的にも困難な生活を送るパレスチナ人の心情や、彼らの解放されたいという思いに通じるものがある。

また、一九七七年に一四二人の乗客と一四人の乗員を乗せた日本航空パリ発東京行きの旅客機が日本赤軍五人によってハイジャックされた事件が発生した。旅客機はバングラデシュのダッカに強行着陸し、日本国内にいる活動家六人が釈放され、身代金が支払われた。活動家の釈放との交換で人質も徐々に解放された。旅客機は最終的にはアルジェリアに向かい、事件は一応の解決を見た。当時の活動家の釈放や身代金の支払いに応じた福田赳夫首相が「人の生命は地球より重い」と述べた言葉は、当時の流行語にもなったが、超法規的な措置に反発した法相は辞任した。

現在でもハイジャックの実行犯や釈放された活動家のうち五人は逃亡しているが、アルジェリアは日本赤軍のパレスチナ支援の活動に理解を示して、彼らを拘束することはなかったし、実行犯たちもアルジェリア政府の方針や、彼らに対する対応はあらかじめわかっていた。アルジェリアにはパレスチナ人たちに対する強い同情があり、アルジェリア政府もパレスチナ人に共感する日本赤軍の活動に一定の理解を示していた。

フランスはアルジェリアを支配するに際してローマ帝国の復活を唱え、アルジェリアが独立した時、フランスの植民者はアルジェリア全人口の九分の一を占めていた。一九六〇年代前半にヨーロッパ勢力によって支配されていたアラブの土地はアルジェリアとパレスチナだけであった（イスラエルを実質的に支配していたのは東欧出身のユダヤ人たち）。

アメリカのパレスチナ政策に反発するラテンアメリカ諸国

イスラエルのネタニヤフ首相は国連の一般討論演説で、二〇二三年九月二二日、パレスチナ全体をイスラエルが支配する地図を示し、パレスチナへのイスラエル一国支配の姿勢をあらためて見せた。またイランは（イスラエルの）核攻撃の脅威に置かれていると脅迫的とも思われる発言をした。

岸田首相は同月二一日、国連安保理でロシアのウクライナ侵攻を国際法違反だと断じ、ウクライナを訪問して胸が張り裂ける思いだったと述べたが、他方でチリ、キューバ、ブラジル、ボリビア、コロンビアなどラテンアメリカ諸国の首脳は一般討論演説で、ウクライナ戦争よりむしろ中東のパレスチナ人たちが置かれた境遇に注意を向けるように訴えている。

世界で最も若い政治指導者のチリのボリッチ大統領（一九八六年生まれ）は、世界がパレスチナへの不当な占領に沈黙してはならないと訴え、パレスチナの民族自決権（国家独立）を強調した。人権活動家でも知られるボリッチ大統領はいかなる時代、地域でも人権が擁護されなければならないと語っている。

ブラジルのルラ大統領も世界は平和なくして持続や繁栄はあり得ないと述べ、パレスチナ問題を「古い紛争」と形容し、その脅威や懸念はいまだに増大しつつあり、パレスチナの人々が国家を創設することがいっそう難しくなっていると語った。ルラ大統領はパレスチナ自治政府のアッバース議長とも会談を行い、ブラジルのパレスチナ支援と友好を確認した。

コロンビアのペトロ大統領は、ウクライナが欧米諸国から恩恵（武器売却）を得ているのに、欧米諸国のパレスチナに対するアプローチはまったく異なっていると述べた。ペトロ大統領は、国際社会はウクライナとパレスチナの和平会議をできるだけ早く開催すべきだと提案した。加えて、ＳＤＧｓ（持続可能な開発目標）は国際的な不公正、不公平がある中では達成されることがないことを強調した。

ボリビアのカタコラ大統領は、国際社会にイスラエルのパレスチナ占領をやめさせるように訴え、一九六七年の第三次中東戦争以前の境界に基づいて、自由で独立した、エルサレムを首都とするパレスチナの主権国家創設を訴えた。カタコラ大統領は、いかなる覇権にも屈することのない強力な国連の機能を構築することを訴えている。

キューバのベルムデス大統領はパレスチナ人に対する支持と連帯を確認し、彼らに対する専横的で、一方的に課せられる過重な政策を否定した。

国連の機能が弱まっている一つの理由は、欧米諸国がロシアによるウクライナ侵攻に重大な関心を寄せて武器供与を積極的に行うのに対して、イスラエルのパレスチナ占領には沈黙していることがある。国連でパレスチナ支持をラテンアメリカ諸国があらためて表明したのは、ラテンアメリカ諸国に対するアメリカの介入の歴史を背景にするものでもある。パレスチナ問題で、イスラエルが国際法に違反し、そのイスラエルをアメリカが支援することは、ラテンアメリカ諸国をはじめとする「グローバルサウス」がアメリカを信頼できない要因や背景となっている。たとえばメキシコはウクライナに侵攻したロシアへの経済制裁にも参加せず、アメリカとは距離を置いたウクライナ政策をとるようになった。

パレスチナは世界で八〇ヵ国余りに大使館をもっているが、そのうち一二ヵ国はブラジル、アルゼンチンを含むラテンアメリカ諸国にあるように、ラテンアメリカ諸国のパレスチナ支援は顕著になっている。

親米右派政権が続いたコロンビアでの二〇二二年八月の左翼政権誕生は、アフガニスタンで親米政権が失敗した中東と同様に、ラテンアメリカでもアメリカの影響力が退潮していることを表すものだった。二〇二一年にはチリ、ペルー、ホンジュラスで左翼政権が誕生し、これに二〇二二年のコロンビアとブラジルが続き、アメリカのラテンアメリカにおける覇権は大いに動揺した。左翼政権は一様にイスラエルによるパレスチナ人の人権侵害に批判的で、こうしたラテンアメリカの姿勢がイスラエルに対する圧力になることをパレスチナ人たちは期待している。パレスチナ・ガザ地区ではイスラエルがガザの産品の輸出を禁じるなど依然として強圧的姿勢が続き、パレスチナ人たちを経済的困苦の下に置いている。

パレスチナに強い同情をもつアイルランド

前章でも触れたように、アメリカの中東政策を変えるのはアメリカ国内の世論も大きな要素だが、国際社会の動静もアメリカ外交に影響を与える可能性がある。ヨーロッパのアイルランドは頑なとも言えるほどパレスチナに同情を寄せている。アイルランドのレオ・バラッカー副首相（元首相、在任二〇一七～二〇年）は、二〇二一年五月のイスラエルのガザ攻撃について次のように述べた。

併合、追放、植民、市民の殺害、故意の、あるいは付随的な損害など二一世紀の民主国家のすべきことではない。このように国家がふるまうことはまったく受け入れられるものではない。

この発言は、その後も続くイスラエルとパレスチナの緊張の背景を端的に捉えている。イスラエルは東エルサレムのシェイフ・ジャッラー地区を併合しようとし、パレスチナ住民の追放とその後のイスラエル人の植民を図り、ガザでは戦闘機を用いて市民を殺害し、また占領地であるヨルダン川西岸でもデモを制圧する中で死傷者を出した。

アイルランド議会の中では、人種主義の政策を行う政府の代表であるイスラエル大使を追放すべきだという声も上がっている。アイルランドのパレスチナへの共感は、アイルランドが一六四九年のクロムウェルの植民地化から一九三一年の完全独立までイングランドの植民地となり、植民地時代に餓死で人口の半数が消失したと見積もられるジャガイモ飢饉など苦難の歴史があったことと関連する。

アイルランドの著名な作家シーン・Ó・ファオラン（一九〇〇～九一年）は一九四八年に、アイルランドがイギリスによってユダヤ人の民族郷土にされてしまったら、アイルランド人の怒りは察するに余りあると述べ、自らの故地がイスラエルの民族郷土にされてしまったパレスチナ人たちの境遇に強い同情を寄せた。

アイルランドは、一九四八年一〇月に教皇ピウス一二世がエルサレムとその近郊を国際管理下に置くことを呼びかけると、この構想に従って、六三年までイスラエルの国家承認をすることがなかった。六七年の第三次中東戦争で多数のパレスチナ難民が発生すると、六九年にアイルランド議会でフランク・エイケン外相は、パレスチナ難民の問題を解決することがアイルランドにとって最も緊急の課題であると述べた。アイルランドはパレスチナ難民の帰還なしに中東の平和はあり得ないという立場をずっと続けている。

二〇二三年一〇月二六日、欧州サッカー連盟（UEFA）チャンピオンズリーグでスコットランド・セルティックのサポーターたちは、パレスチナ旗を振ることでイスラエルの攻撃を受けるパレスチナ人たちに共感を示した。サッカーの試合で政治的主張や行動を行うことは禁じられており、セルティックに罰金を科されることはわかっていたが、それでもサポーターたちはパレスチナ旗を振った。

二〇一八年九月にセルティック・サポーターたちはやはりパレスチナ旗を振って、UEFAから罰金を科せられたことがあった。サポーターたちは、罰金のための資金をクラウドファンディングで集めた。罰金額は一万五〇〇〇ポンド（当時二一六万円ぐらい）であったが、スコットランド出身の著名なアーティストであるパオロ・ヌティーニが、一〇〇〇〇ポンドを寄付するなど、あっという間に寄付は集まり、その額は罰金額の一〇倍以上に相当する一七万六〇〇〇ポンド（当時二五三〇万円）にも及んだ。UEFAもセルティックのサポーターたちの行動に一定の理解を示すようになり、罰金額も八六一五ポンドに減額された。セルティックのサポーターたちはクラウドファンディングで集まった額から罰金を引いた一七万ポンド近くの金額を、パレスチナ支援を行うパレスチナの医療組織MAP（Medical Aid for Palestinians）と難民支援組織であるラージー・センターに寄付した。

セルティックは一八八七年にグラスゴーで創設されたが、グラスゴーにはアイルランドからの難民・移民として逃れてきた人が多かった。セルティックを応援することは、アイルランドから逃れてきた人々の癒やしや連帯のシンボルとなったが、それには過去のイギリス支配に対する反発もあった。

セルティックのサポーターたちにとって、イスラエルによって抑圧されるパレスチナ人たちの姿は過去にイギリスの植民地支配を受けたアイルランドの運命に重なるのだろう。イスラエルの戦争犯罪とも言える行為が度重なる中で、セルティック・サポーターたちの行動は、パレスチナ人たちに勇気を与えることになっているに違いない。救急車を空爆するなどイスラエルによる戦争犯罪は世界で広く意識されるようになっている。イスラエルとハマスに停戦を求めたり、あるいはイスラエルの戦争犯罪とも思える軍事行動を抑制させたりするためには、世界の世論による圧力や、イスラエルに孤立感を与えることが必要だ。

「長老たち」は「紛争に軍事的解決はあり得ない」と訴える

イスラエルのガザ攻撃が、地域や地域を越えた暴力をもたらす危険性を強調したのは、二〇〇七年に世界平和のためにネルソン・マンデラ南アフリカ元大統領、ジミー・カーター アメリカ元大統領、フェルナンド・エンリケ・カルドーゾ・ブラジル元大統領、デスモンド・ツツ大司教らによって結成されたNGO組織「長老たち（Elders）」だった。「長老たち」はハマスの攻撃を非難しつつも「ガザを破壊し民間人を殺すことは、イスラエルの安全を増すことにつながらない。地域やさらに地域を越えてテロを増殖するだけであり、紛争の軍事的解決はあり得ない」という声明を二三年一一月一八日に出した。

南アフリカの反アパルトヘイト運動の指導者で、全人種参加の選挙後初の大統領となったマンデラは、イスラエルの占領下に置かれるパレスチナ人にも強い同情や共感をもっていた。二〇一六年四月二六日にはヨルダン川西岸のラマラに建てられた高さ六メートルのマンデラ像の除幕式が行われた。

同じ二〇一六年一一月二九日の「ニューズウィーク」のオバマ大統領（当時）に宛てたオピニオン記事でカーター元大統領はパレスチナ国家を承認することを求めた（https://www.newsweek.com/jimmy-carter-barack-obama-recognize-state-palestine-526252）。

カーター元大統領はオバマ大統領に対して、国連安保理にパレスチナ国家を認めさせることと、ヨルダン川西岸に入植地をつくることが国際法に照らして不法という決議を成立させることの二つを要求した。当時、ヨルダン川西岸に六〇万人のイスラエル人が不法に暮らしていることをカーターは指摘しているが、こうしたオピニオン記事を書いたのは、オバマ政権の後に続くトランプ政権の成立によって、国際社会が後押ししてきたイスラエル・パレスチナの二国家共存という枠組みが崩れるであろうという懸念を背景にしていた。トランプ前大統領は就任当初からパレスチナ全域に対するイスラエルの一国統治を容認する姿勢を見せ、彼のイスラエル寄りの姿勢は明白だった。

イスラエルは占領地であるヨルダン川西岸と東エルサレムに七〇万人のユダヤ人たちを住まわせている。彼らは厚くて、高い分離壁によって護られて暮らしている。それに対して、ヨルダン川西岸には三一〇万人のパレスチナ人が居住するが、イスラエルはパレスチナ国家を認めず、彼らに「国籍」を与えていない。ヨルダン川西岸におけるパレスチナ人の移動は「パス（身分証）」によって制限される。パレスチナ人たちには基本的な人権も、労働の自由も、組合運動、教育の保障、言論の自由も与えられていない。まさにかつての南アフリカのアパルトヘイト政策で、国際社会の声が南アフリカのアパルトヘイト撤廃に力をもったように、パレスチナのアパルトヘイトにも同様の声を上げていくことが求められている。

カーターはイスラエルにアパルトヘイトがあることを認めて訴えた、アメリカで最初で、唯一の大統領経験者で、イスラエルの占領地における入植地の拡大が中東地域の安定や平和にとって重大な障害であると説いた。カーターは大統領時代にエジプト・イスラエル間の平和条約を成立させるなど、中東地域の平和や安定にとってパレスチナ問題の公平な解決が重要であることを認識していた人だった。

イスラエルのジェノサイドを告発し、即時停戦を求める南アフリカの弁護団

南アフリカは二〇二四年一月一一日、ハーグの国際司法裁判所で、判事たちにイスラエルが交戦地域での攻撃停止を求める命令を出すように要請した。南アフリカの弁護士は「イスラエルの指導者たちは明確に大量虐殺の意図を表した」と、イスラエルの国会議員たちがガザを平らにし、消し去ることを明言したと訴えた。

南アフリカ代表団の口火を切ったのは、アディラ・ハースィム弁護士だった。彼女は南アフリカのムスリム家庭の出身であることがその名前からうかがえる。南アフリカの人口は五九〇〇万人で、ムスリムは全人口の一・五%ほどだ。多くは南インドの出身で、南アフリカに来てからイスラーム神秘主義に帰依した人が多いが、反アパルトヘイト運動では

重要な役割を果たしている。

ハースィム弁護士の議論は一九四八年のジェノサイド条約第二条に照らし合わせて行われた。第二条には次のように書かれている。

第二条

この条約では、集団殺害とは、国民的、人種的、民族的又は宗教的集団を全部又は一部破壊する意図をもって行われた次の行為のいずれをも意味する。

(a) 集団構成員を殺すこと。

(b) 集団構成員に対して重大な肉体的又は精神的な危害を加えること。

(c) 全部又は一部に肉体の破壊をもたらすために意図された生活条件を集団に対して故意に課すること。

(d) 集団内における出生を防止することを意図する措置を課すること。

(e) 集団の児童を他の集団に強制的に移すこと。

ハースィム弁護士はイスラエルがジェノサイド条約第二条に違反していることを明確に述べた上で、ガザ地区の現状について説明している。

ガザ地区は一九六七年以来イスラエルが占領しているパレスチナ人地域の二つの構成要素のうちの一つであり、三六五平方キロメートルの細い帯状の地域である。イスラエルはガザ地区の空間、領海、陸路での移動、水、電気、電磁界、民間インフラ、さらには政府機能までコントロールしている。

ガザは世界で最も人口密度の高い場所の一つであり、約二三〇万人のパレスチナ人が居住し、その半分が子どもたちだ。一〇月七日以来、九六日間でイスラエルは現代の戦争史上、最も大規模な爆撃を行ってきた。ガザのパレスチナ人たちは、空、陸、海からイスラエルの兵器によって殺害され、継続するイスラエルの包囲、パレスチナ人の町の破壊によって、パレスチナ住民たちに対する不十分な援助しか行われず、またこの限られた援助物資ですらイスラエルの爆弾が降る中で住民たちに配分することが困難になっている。

イスラエルの大量虐殺はジェノサイド条約第二条(a)項に抵触するものだ。一〇月七日からの過去三ヵ月にわたってイスラエルは二万三二一〇人のパレスチナ人を殺害し、その七〇%は女性と子どもと見られている。さらに七〇〇〇人が行方不明で、行方不明者は瓦礫の下敷きになって死んだと考えられている。ガザのパレスチナ人はどこへ行っても容赦ない爆撃にさらされている。彼らは自宅で、避難先で、病院で、学校で、モスクで、教会で、そして家族のために食料と水を見つけようとして殺されている。彼らは、イスラエルが宣言した安全なルートに沿って逃げようとした場合でも殺害された。殺害のレベルが非常に広範であるため、発見された遺体は共同墓地に埋葬され、多くの場合は大学の敷地内に埋葬されている。

以上がハースィム弁護士のガザの現状に関する説明（抄訳）だが、大量虐殺事件は証明が難しいことで知られ、解決までに何年もかかることがある。南アフリカは裁判所に対し、「暫定措置」を迅速に実施し、ガザ地区でパレスチナ人を殺害し、パレスチナ人に深刻な精神的および身体的危害を与えることを即座にやめるようイスラエルに命令することを求めている。イスラエルのガザ攻撃は女性や子どもの犠牲者が多く、またガザ地区の人口の一％（二万三〇〇〇人）という多数の犠牲が出ているように、ジェノサイドに相当するのは明らかに思え、即時停戦の命令を出すように国際司法裁判所に訴える南アフリカの主張はまったく真っ当なものだった。

おわりに――日本はイスラエルの極右政権に対して何をすべきなのか

「ハマスはテロ」という言葉と、イスラエルのガザ侵攻を批判した村上春樹

上川陽子外相は二〇二三年一一月三日、イスラエルを訪問し、コーヘン外相との会談の中で「イスラエルの方々との連帯の意を伝えるために訪問した。ハマスの攻撃はテロであり、赤ちゃんから子ども、女性や高齢者も含めて、一般の市民に対する攻撃と誘拐はどのような理由であれ正当化できず、断固非難する。犠牲者に心から哀悼の意を表するとともに、ハマスによって誘拐された人たちの一刻も早い解放を心から祈っている」と述べた。

上川外相の口からはハマスのテロを非難する言葉が頻繁に聞かれるが、この言葉は同時にイスラエルに対しても向けられなければ公平ではない。イスラエルはハマスの攻撃があった一〇月七日からの一ヵ月間、赤ん坊、子どもたち、女性、高齢者を毎日のように大規模殺害してきた。どうしてイスラエルにも同様に厳しいことを言わないのか。

一九八〇年九月二三日、第三五回国連総会一般討論において伊東正義外相は、「わが国は、公正かつ永続的な中東和平の実現のためには、イスラエルが67年戦争の全占領地から撤退し、かつ国連憲章に基づき、パレスチナ人の民族自決権を含む正当な諸権利が承認され、尊重されなければならないと考えております。(中略)わが国は、最近のパレスチナ自治交渉の停滞と西岸情勢の悪化を極めて憂慮しておりますが、その一義的原因が占領地における入植地の建設、東ジェルサレムの併合措置等イスラエルの占領政策に起因していることは、非常に遺憾なことであります」とイスラエルへの強い批判をにじませた。

今の日本にこのように筋が通ったことを国際社会に発信できる政治家がいるだろうか。伊東外相はイスラエルの全占領地からの撤退を求め、占領がパレスチナ和平の障害になっていることを明確に述べていた。上川外相の発言や姿勢は日本の政治家から気骨や胆力が希薄になっていることを示している。伊東外相の有名な言葉を借りれば、「ならぬことは、ならぬものです」とイスラエルの国際法違反の占領や占領地における入植地拡大を堂々と非難すべきだろう。

イスラエルは二〇〇八年一二月から〇九年一月にかけてもガザを侵攻して攻撃し、少なくとも一一〇〇人以上のパレスチナ人が犠牲になった。

この攻撃の直後、二〇〇九年二月にイスラエルを訪問した村上春樹は、イスラエル最高の文学賞である「エルサレム賞」を受賞した際に、授賞式の記念講演で「壁と卵」の比喩を用いてイスラエルの対パレスチナ政策を暗に批判した。壁は強大な軍事力を持つ体制、卵はそれにぶつかり割れる個人を象徴するが、「私は常に卵の側に立つ」とパレスチナ人への共感を語り、「壁の名前は、制度である。制度はわたしたちを守るはずのものだが、時に自己増殖してわたしたちを殺し、わたしたちに他者を冷酷かつ効果的、組織的に殺させる」とも村上春樹は述べた。イスラエルがどんなに高い壁を築いても、パレスチナ人との和平がなければ、イスラエルはその壁の代償を払い続けることになるだろうということを言っていたと思う。

村上春樹はまた、二〇一六年一〇月三〇日、デンマークのオーデンセで、童話作家のアンデルセンにちなむハンス・クリスチャン・アンデルセン文学賞の授賞式でアンデルセンの作品「影」を引き合いに出しながら「影との共生」を訴えた。「私たちは時に、影の部分から目を背けようとします。あるいは無理やり排除してしまおうとします。でもどんなに高い壁をつくって外から来る人を締め出そうとしても、どんなに厳しく部外者を排除しようとしても、あるいはどれだけ歴史を都合のいいように書き直したとしても、結局は自分自身が傷つくことになる。自らの影、負の部分と共に生きていく道を、辛抱強く探っていかなければいけないのです」と語った。

これは現代の国際社会の多くの事象に言い得ることだ。イスラエルのネタニヤフ首相のような他者を排除、排斥するナショナリズムは、ヨーロッパではナチスのユダヤ人迫害にも見られたし、また現在でもヨーロッパの極右は特にムスリム移民やユダヤ人の排斥を唱えている。しかし、移民を排斥することはヨーロッパ域内のテロのように、ヨーロッパの人々自身を苦しめることになっている。アメリカはテロという影を武力で排除しようとしてきた。それがイラクやシリアでの「イスラーム国（ＩＳ）」との泥沼の戦いを招いたように、アメリカの莫大な資源の損失ともなった。暴力に、力だけで対抗することには限界があるはずで、そのために村上春樹は影と向き合うことを説いたのだ。武力でハマスの暴力を一時的に制圧できたとしても共生を謳う発想がない限り、イスラエルはパレスチナ人の暴力に苦しむことは明白だ。

国連の「パレスチナ人民連帯国際デー」

毎年一一月二九日は国連が一九七七年に定めた「パレスチナ人民連帯国際デー」だ。このときイスラエルが支配する占領地のヨルダン川西岸はわずかに三％以下だったが、現在では四三％余りを支配する状況となっている。

二〇一七年の「パレスチナ人民連帯国際デー」で日本の河野太郎外相は、「日本は、パレスチナの人々が、悲願である国家建設に向けて一歩一歩前進していけるよう、今後も支援していきます。当事者同士が対話をし、和平に向けた前向きな一歩を踏み出し、最終的な解決を実現するために、日本は、信頼醸成の取組を通じて、その環境作りに引き続き貢献していきます。いつかできる限り早期に、パレスチナがイスラエルと共に平和に発展していくことを願って。」と述べた。

参議院議員であった山口淑子がレバノン・ベイルートのジューススタンドでジュースを注文すると、店の男性が「日本人だろう？　日本は素晴らしい。ラジオ、テープレコーダー、なんでもできる工業国だ。そしてカミカゼ、ミカド、カラテ、ジュウドウ、強い国だ。テルアビブでイスラエルをバッバッバーとやっつけた。」と語ったというエピソードが山口の著書『誰も書かなかったアラブ――〝ゲリラ民〟の詩と真実』（サンケイドラマブックス、一九七四年）の中で紹介されている。日本はパレスチナ問題で公正な立場をとっているという思いが、パレスチナをはじめ国際社会で共有されることが望ましい。イスラエル・パレスチナの二国家共存の障害となるようなイスラエルの措置については日本の外務省も非難の声を上げ続けているのだ。

二〇二一年一〇月二四日、イスラエルがヨルダン川西岸や東エルサレムにおける約一三〇〇棟の入植地住宅建設の入札を公示し、続いて一〇月二七日に約三〇〇〇棟の入植地住宅の建設を承認すると、日本の外務省は、一〇月二八日に報道官談話を出し、「入植活動は国際法違反であり、「二国家解決」の実現を損なうものです。我が国を含む国際社会の再三の呼びかけにもかかわらず、イスラエル政府が入植活動を継続していることについて、日本政府として強い遺憾の意を表明します。我が国は、イスラエル政府に対し、イスラエル・パレスチナ間の信頼構築や地域の緊張緩和及び安定化に向けた努力の必要性を強調し、上記の入札公示及び住宅建設計画承認の撤回並びに入植活動の完全凍結を強く求めます。」と明確にイスラエルに呼びかけた（外務省「イスラエルによる入植地建設計画の推進について」、https://www.mofa.go.jp/mofaj/press/danwa/page3_003145.html）。

南アフリカ初の黒人大統領となったネルソン・マンデラ（一九一八～二〇一三年）は一九九七年の「パレスチナ人民連帯国際デー」でパレスチナ人が平和、繁栄、静穏、安全を享受するのは、差別がなくなった時で、パレスチナの民族自決と国家樹立を要求する世界的な声を上げていこうと訴えた。「連帯こそ解放の手段」と唱えたのは、タンザニアの初代大統領ジュリウス・ニエレレ（一九二二～九九年）だった。ニエレレの特筆すべき活動は、アフリカの植民地主義からの解放を唱え、パン＝アフリカ運動を推進し、南アフリカ、ローデシア（現ジンバブエ）、南西アフリカ（現ナミビア）の人種差別撤廃の運動を激しく繰り広げたことだった。彼はタンザニアをはじめアフリカの人権問題に関心を寄せ、人間の尊厳、抑圧された人々の解放、不正義・不平等の是正を唱えた。彼の大統領時代のタンザニアは経済的には国家予算の三分の一を国際的支援が占めるほど貧しかったものの、政治的には安定し、アフリカの中では最も識字率が高い国で、顕著な経済的不平等もなかった。

正義や平等に重大な関心を寄せたニエレレは、パレスチナ問題にも注意を払い、「パレスチナ解放機構（PLO）」の活動家たちを受け入れるようになり、一九七三年にイスラエルとの外交関係を断絶した後で、PLOの大使館を首都ダルエスサラームに置くことをアフリカ諸国の中で最初に認めた。彼は雑誌インタビューの中で、「我々の世代は我々自身の国の民族解放闘争の世代だが、パレスチナの状態はまったく異なり、もっとひどい。パレスチナ人は国を剝奪され、自分たちの土地のない人々だからこそタンザニアをはじめ全世界からの支持に値する」と説いた（「African Arguments」二〇一九年三月一三日）。

日本は国際社会の一角にいた

イスラエルは、イスラエルの占領地からの撤退を求めた国連安保理決議二四二号（一九六七年）や同三三八号（一九七三年）に違反し、占領を継続して、さらにその占領地にイスラエル人の住宅（＝入植地）を拡大している。イスラエルは現在占領地であるヨルダン川西岸の六〇％の土地の行政権と治安維持・管理を掌握している。

ヨルダン川西岸では二〇二三年九月末までに一八〇人余りのパレスチナ人が殺害され、さらに一〇月七日のハマスの奇襲攻撃以来、一〇〇人以上が銃撃により亡くなった。

一九八〇年の国連安保理決議四七八号では、エルサレムで外交活動を行ってはいけないと決められたが、アメリカのトランプ政権はアメリカ大使館をテルアビブからエルサレムに移転し、さらにイスラエルが占領するシリアのゴラン高原に、イスラエルの主権を認めてしまった。これではアメリカがロシアや北朝鮮の国連安保理決議違反を非難してもまったく説得力をもたない。

在イラク日本大使だった片倉邦雄は湾岸戦争後三〇年のインタビュー記事の中で、湾岸戦争で日本は自衛隊を派遣せず、一三〇億ドルの資金を提供したのみだったと国際的に低い評価しか得られなかったのは心外だったと語っている。イラクが侵攻したクウェートでは、日本大使館員がアメリカ大使館の外交官たちを、危険を承知でかくまっていたことを明らかにした。また、片倉は、湾岸戦争以前、日本は国際社会の一角にいたと語っている（「東京新聞」二〇二一年一月二五日）。

中東イスラーム世界では日本に対する否定的な評価はあまり聞かれてこなかった。ただ、片倉も述べているように、外交的には「日本の立場はアメリカと同じ」と考えられるようになったのは湾岸戦争を契機とするもので、直前でも述べたように、日本はアメリカ主導の多国籍軍に一三〇億ドルの資金の拠出を行った。

片倉が湾岸戦争以前、日本は国際社会の一角にいたというのは、第四次中東戦争の際に、石油の確保が目的だったとはいえ、パレスチナの民族自決権を認め、イスラエルの占領地からの撤退を求め、さらにはイラン・イラク戦争の調停も独自に行ったことなどを言う。ところが、湾岸戦争後、日本は独自の外交的立場をとることが希薄となった。中東イスラーム世界をはじめ国際社会から敬意をもたれるには日本外交の独自性が必要だ。また、国連安保理の常任理事国入りを目指すのならば、なおのこと独自の立場を訴えることが求められている。アメリカといつも行動が一緒という常任理事国は不要と見なされてもしかたない。

片倉はアメリカの危うさに日本が巻き込まれるという点で、二〇一五年の平和安保法制に反対したと語っているが、アメリカが九・一一の同時多発テロなどに遭うのは、その中東イスラーム世界外交に重大な欠陥があるからだ。国際法を破るイスラエルへの無批判な支援、またイスラーム世界に対する軍事介入は市民の犠牲を伴い、現地の人々の恨みや反発を買ってきた。アメリカの外交にやみくもに付き合うことが日本人の安全を高めるとは思えない。

日本政府はアメリカの不合理なイラク戦争にまっさきに支持を表明した。イラク戦争を支持しなければアメリカが日本を守ってくれないという判断があったのだろうが、イラク戦争後の朝鮮半島情勢を見渡せば、拉致問題はいっこうに進展せず、北朝鮮の核・ミサイルの脅威は増すばかりで、アメリカが北朝鮮の脅威を日本から除くのに成功したとはとても思えない。日本は米軍に基地を提供し、「思いやり予算」で米軍関係者の給与まで払っている。アメリカが日本を守ることは日米安保条約上の義務であるし、かりに北朝鮮が日本にミサイルを撃ち込めば、米韓日の反撃などで金正恩体制は終焉を迎えるだろう。イスラエルが非人道的なガザ攻撃を続ける中、少なからぬアラブ・イスラーム世界の人々は日本の動静に注目している。

日本の軍人とイスラエル兵のふるまいが重なる?

女優でパレスチナ問題にも理解をもっていた元参議院議員の山口淑子は、北京の女学生だった時、抗日集会にも参加したことがあり、日本軍が攻めてきたら北京の城壁の上に立ちますとも話したことがあったそうだ。「日本の軍人は当時本当に威張っていました」、「私が仮に中国人だったとして、同じことをされれば、日本を嫌いになっていたでしょう」と語っていた（「李香蘭が語るアジア」『朝日新聞デジタル・プレミアム』二〇一九年七月二八日付）。

パレスチナに行き、イスラエル兵のパレスチナ人たちに対するふるまいに同様なものを感じることはしばしばある。エルサレム旧市街のアラブ・ムスリム地区の出入り口であるダマスカス門で、パレスチナ人男性の若者がリュックサックを背負っていると、四、五人の男女のイスラエル兵たちがそのパレスチナ人を力ずくで取り押さえて四つん這いにさせて、リュックサックの中身をチェックしていた。思わずその扱いはないだろうと傍から見ていて憤ったほどだ。また、カメラがフィルム写真だった頃、空港で安全のためだと言われてイスラエルの保安係にカメラを取り上げられると、強いエックス線をかけられてフィルムがダメになり、旅行の記録がフイになったこともあった。エミレーツ航空でトルコのイスタンブールまで行き、トルコ航空からテルアビブに入った時、私のスーツケースは国交を正常化していないUAEから来たというせいもあったのか、鍵を無残に壊されたこともあった。その時は、イスラエルの安全のためという理由で、家屋を破壊されるパレスチナ人の苦しみが理解できるようだった。

二〇〇八年夏にイスラエル・テルアビブ大学のワークショップに参加した時、テルアビブ大学のイラン研究者デヴィッド・メナシュリー教授が「日本とイスラエルには類似点がある。日本は海洋国家で魚(サカナ)に囲まれ、イスラエルもサカナ(イスラエルの言語へブライ語で「脅威」の意味)によって囲まれている」と言っていた。教授は早稲田大学に客員研究員として何度か夫人とともに来日し、日本での生活体験もあった人で、オスロ合意を熱烈に支持していた。

イスラエルが我々日本人から見れば過剰とも思われるほど、安全保障に敏感なのは、第二次世界大戦中のナチス・ドイツによるホロコースト体験とともに、建国後、周辺のアラブ諸国と戦い、また国の内外でパレスチナ・コマンド（ゲリラ）やハマスなどパレスチナ武装勢力と暴力的衝突を繰り返してきたことがあるだろう。冒頭の山口淑子は一九七三年夏に、イスラエルのエル・アル航空のハイジャックに失敗してイギリスで身柄を拘束されていたパレスチナ人コマンドのライラ・カリドにインタビューしている。ライラが「私たちはユダヤ人を憎んでいるわけではない。力ずくで私たちの国を奪おうとする行為に反対しているのです」と語ると、ハイジャックは非道な行為であるとは思いつつ、山口にはライラの「イスラエルに奪われた故郷の上を飛びたかった」という言葉が、日本人が中国東北部に「満州国」を建国した過去にダブって響いたという。

中東戦争の取材についても「私は、自分の心の傷をいやすために、わざわざ戦場に来ているのではない。その傷をもうこれ以上増やさないために、もう、あの中国大陸の戦場から逃げ出した時の傷を、新しく生まれた戦場の上に傷跡として残したくないために来ているのだ。」と中国での体験と重ね合わせて語った（山口淑子『誰も書かなかったアラブ』一九七四年）。

『誰も書かなかったアラブ』の中には「四次にわたる「中東戦争」の中で、「パレスチナをめぐる問題」が何か一つでも解決されたことがあっただろうか。イスラエル軍は国連決議を無視して「占領」を続けるし、アラブ・ゲリラは、その報復と「奪還」をめざして一層過激な行動に出ている。ときたまもたらされる大国間の申し合わせによる「中東和平」は、その戦いのたまさかの休みであり、真の「解決」にはいつも至らない」と書かれている。

同書の中で山口は「戦争の災禍をもろにかぶるのは弱い人々なのだ」と述べているが、二〇二三年一〇月七日にイスラエルが報復攻撃を開始してから一〇〇日間で一万人以上のパレスチナの子どもたちが犠牲になった。パレスチナ問題は山口の見た一九七〇年代から何も変わっていないということが実にもどかしく思える。

ヤコブ・ラブキン・モントリオール大学教授は、日本は欧米とは異なる独自の中東和平への貢献ができると語る。日本人には第二次世界大戦中に、日本の同盟国ナチス・ドイツからの圧力にもかかわらずユダヤ人を救った在リトアニア副領事の杉原千畝などといった人物がいるし、またイスラエル国家創設の道を開くことになった、パレスチナをイスラエル・パレスチナに分割する国連総会決議一九一号にも関わることがなかったからだ。

また、日本はパレスチナ問題に関して、アメリカに常に従ってきたわけではないことをラブキン教授は指摘する。一九七三年の第四次中東戦争直後の「二階堂進官房長官談話」では、パレスチナ人の民族自決（パレスチナ国家創設）を支持した。さらに、一九八〇年代、国会議員の山口淑子は、ヤーセル・アラファト率いるパレスチナ人指導部を交渉の正統なパートナーとして承認するために尽力し、一九九三年にイスラエルがオスロ合意でPLOを交渉相手と認める道を開いた。

日本人が見たアラブとユダヤの共存

二〇二四年一月、宮崎駿監督の作品「君たちはどう生きるか」がゴールデングローブ賞を受賞した。

宮崎監督が最も尊敬するのは作家の堀田善衛（一九一八～九八年）とされ、堀田の『空の空なればこそ』の中の「汝の手に堪うることは力を尽くしてこれをなせ」という言葉を座右の銘にしているそうだ。

フランス文学者でもあった堀田善衛は、人権を唱える国のフランスが植民地を抑圧することに反対し、アルジェリア独立戦争（一九五四～六二年）では戦争の主導的役割を担った「民族解放戦線（FLN）」に共感をもち、強く支持した。

堀田善衛は、放射能に汚染された南の島の守護神であった怪獣が文明社会に憤り、日本を襲うという映画「モスラ」の原作者でもあった。

言論は無力であるかもしれぬ。しかし、一切人類が、「物いわぬ人」になった時は、その時は人類そのものが自殺する時であろう。……

――堀田善衛

湾岸戦争（一九九一年）についても「「国是（憲法）」というものを、いたずらにいじってはいけない。私は銭出すだけでいいと思うよ。経済国家だもの。銭《ぜに》こだけで何が悪い」（堀田善衛・司馬遼太郎・宮崎駿『時代の風音』朝日文庫、一九九七年）と語っている。

その湾岸戦争の直後、サミュエル・ハンチントンは『文明の衝突』を出し、世界の各宗教文明は対立を深めていくことを説いたが、堀田善衛はイスラム・スペインに文明の人類の共存の姿を見出した。

イスラム王朝は、ユダヤ教徒に対しても差別しなかった。むしろ彼らを重用したのであった。だから、イスラムのスペインにあって、キリスト教徒から自発的にイスラムに改宗した人もいれば、両者の通婚も自由であった。こうして時代がうつって行くと、イスラム教徒もキリスト教徒も次第に、スペイン人としてのアイデンティティをもつようになり、両者ともに近代スペイン語の先祖であるロマンス語とアラビア語の二カ国語を話すようになり、これが複合し熟成して行って、語彙の一〇パーセントがアラビア語源、あるいはそれとの複合語である現行スペイン語が出来ていったのである。イスラム教徒は如何なる意味でも〝外敵〟ではなかった。（中略）

コルドバ、セビーリア、トレドは、全ヨーロッパにとっての、いわば徳川期の我が国にとっての長崎のようなものであった。ルネサンスはまずアラブ経由でヨーロッパにもたらされたものであった。そうしてこの仲介にあたって文化的大役を果したものが、スピノザの祖先がそうであったように、主としてスペイン・ユダヤ人であったということは、特筆しておかなければならぬ事実であった。イスラム・アラブ、キリスト教徒、ユダヤ教徒の三者の、この平和な協力共存は、今日から考えてみても、何か夢のようなものとして見えて来るのである

（堀田善衛著『ゴヤⅠ　スペイン・光と影』新潮社、一九七四年）

日本では湾岸戦争で日本が金銭的支援しか行わず、それで「国際社会」から高い評価を得られなかったなどと主張する政治家、官僚、大学教員などがいたが、彼らの言う「国際社会」は「アメリカ」しか念頭になく、中東イスラーム世界ではむしろアメリカの軍事行

動と一体とはならなかった日本を評価する声に数多く接した。

ホロコースト生存者たちの訴えと中東イスラーム世界の人々の日本への期待

ＢＢＣの世論調査で「イスラエルが世界に肯定的な影響を与えているか」という問いに対して、「与えている」とする日本の回答は二〇一二年が三％、一三年も三％、一四年は四％と世界の国々の中では突出して低かった。一四年はイスラエルがガザに大規模な攻撃を行い、二二〇〇人余りのパレスチナ人が犠牲になった年だった。イスラーム教徒が圧倒的に多いインドネシアやパキスタンよりも低い。一七年には、日本は調査対象とならなくなってしまった。

「判官（ほうがん、あるいははんがん）贔屓《びいき》」とは「悲劇的英雄、判官源義経に同情する気持ち。転じて、弱者・敗者に同情し声援する感情をいう」（「デジタル大辞泉」の解説）とある。日本人の中東情勢に対する見方には、この判官びいきの心情が働いているのかとも思ってしまう。二〇一四年夏のガザ攻撃、分離壁の建設、ヨルダン川西岸でのイスラエル人入植地の拡大などを見るにつけ、パレスチナは弱者であるという見方は多くの日本人に共有されていることは明らかだ。

近現代史において最大規模の人権侵害として語られるのは、ナチス・ドイツによるユダ

イスラエルの世界的影響（2014年、BBC調べ）

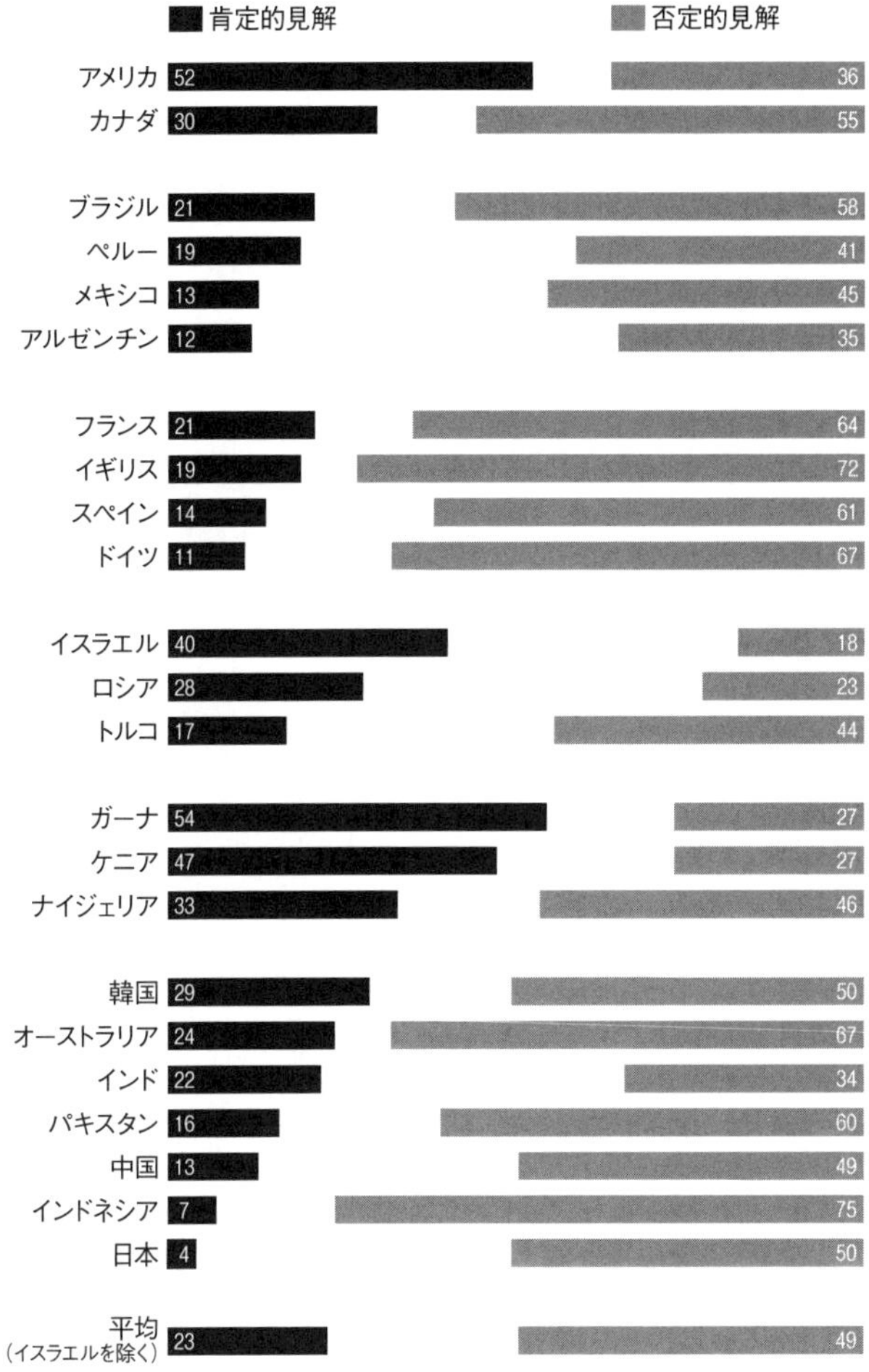
肯定的見解
否定的見解
アメリカ 52 36
カナダ 30 55
ブラジル 21 58
ペルー 19 41
メキシコ 13 45
アルゼンチン 12 35
フランス 21 64
イギリス 19 72
スペイン 14 61
ドイツ 11 67
イスラエル 40 18
ロシア 28 23
トルコ 17 44
ガーナ 54 27
ケニア 47 27
ナイジェリア 33 46
韓国 29 50
オーストラリア 24 67
インド 22 34
パキスタン 16 60
中国 13 49
インドネシア 7 75
日本 4 50
平均（イスラエルを除く） 23 49

ヤ人大虐殺（ホロコースト）だが、二〇一四年夏にイスラエルがガザを攻撃すると、三二七人のホロコースト生存者やその親族たちが、イスラエルによるガザ攻撃を非難する意見広告を「ニューヨーク・タイムズ」紙に出した。その中でイスラエルによるガザでの「虐殺」が非難され、イスラエルを政治的・経済的に完璧にボイコットすることが訴えられている。

ガザで国連が運営する学校、病院、大学、さらには民家への攻撃はまったく正当化されるものではないというのが彼らの主張だった。また、電力や水をガザの市民たちから奪うことも不当であり、ガザへの経済封鎖を即座に停止することも呼びかけられた。アメリカがイスラエルに攻撃のための資金を提供すること、さらにイギリス、ドイツなどのヨーロッパ諸国がイスラエルを擁護することを非難している。パレスチナ人に対する大虐殺を含むあらゆる形態の人種主義に対して一致して声を上げていくことが欠かせないことも述べられた。そして、ホロコーストの生存者たちは、イスラエル社会が極端で、人種的な非人道主義に陥っていることを指摘したが、ガザを攻撃するイスラエルの軍事的スタンスや、その社会の趨勢、また欧米のイスラエル支持の姿勢にはその後も二〇一四年当時と何ら変化がないことがわかる。

北方領土、竹島、尖閣諸島と係争の地を抱える日本にとって、パレスチナ人の苦悩は決して他人事ではない。その意味でも日本政府はパレスチナ問題にもっと関与してもよいはずだ。二〇一九年にイギリスの調査会社ＹｏｕＧｏｖがアラブ一八ヵ国を対象に行った調査ではイスラエルとパレスチナの和平の最も中立的な調停者として日本を挙げた人が五六％に及んだ。二位がＥＵの一五％、三位がロシアの一三％だったから、日本はダントツ一位である。パレスチナ人の間でも日本は第一位で、五〇％が日本の調停に期待していると回答した（「ARAB NEWS JAPAN」、https://www.arabnews.jp/en/middle-east/article_2448/）。

この結果には多くの日本人が驚くかもしれないが、軍事的に中東イスラーム世界に関わってこなかった日本にはアラブ・イスラーム世界から厚い信頼がある。

日本に期待がかけられるのは、従来アラブ諸国の政治に不介入の姿勢をとってきたという要因が大きく、また良好な対日感情を背景にするものだろう。ＹｏｕＧｏｖの調査はアラブ一八ヵ国を対象としたもので、特に若い世代は、日本車、技術、アニメに関心がある。回答者の圧倒的多くが日本とアラブ世界の関係は良好と答えている。五二％の回答者が、日本が二〇一九年のＧ20の開催国であることを知っていたものの、四〇％の人々は日本が国連安保理の常任理事国と誤解している。日本を訪問したい人は八七％に及び、アニメでは「キャプテン翼（マジド）」を好む人が七五％、続いて「ポケモン（ポケットモンスター）」（四八％）、「ドラゴンボール」（三七％）、「グレンダイザー」（三六％）となっている。

「アラブ・ニュース」は日本がアラブ世界の信頼すべきパートナーと認められていると結んでいる。日本はパレスチナについては「平和と繁栄の回廊」構想でヨルダン川西岸のジェリコ（エリコ）に農産加工団地をつくり、パレスチナ人の職の創出を考え、和平に貢献することを目指してきた。日本がこれまでアラブ・イスラーム世界で築いてきた「資産」を背景に、一九九三年のオスロ合意のノルウェーのように、パレスチナ・イスラエルの間の和平調停ができる可能性もある。日本の政治社会は議論が内向きな傾向にあるが、パレスチナ和平は、日本の政治家たちにもっと注目してほしい分野だ。日本は二〇〇二年に東京でアフガン復興支援国際会議を開き、緒方貞子がアメリカ、欧州連合（EU）、サウジアラビアと共同議長を務めた実績がある。政府に主体性があれば、パレスチナ支援国会合の日本での開催も可能なはずだ。国際社会の関心をガザの現状につなぎ止め、その復興を視野に入れることに貢献していくべきだろう。

ガザで医療活動を行う中嶋優子医師はガザの人たちに日本人だと告げると、「日本も同じだったよね」とガザの人たちから語りかけられた。「第二次世界大戦の時に、日本も同じだったでしょう？　家族ではない隣の人たちと助け合い、少ない食事を分け合い、狭いところで一緒に生活したんでしょう？　お互いを助け合う共助で乗り越えてきたのは同じだよね」と幾度となく言われたという（ハフポスト、二〇二三年一二月六日）。

中嶋医師が「日本から来たと言うと「本当によく来てくれた」と喜ばれた。日本の歴史を知っている人も多く、日本のように戦争から立ち直って発展するという希望を持っている」と語ったという。紛争が多発してきた中東イスラーム世界の人々が日本に敬意を示すのは、日本が中東に軍事干渉を繰り返すアメリカとの戦争に敗れたにもかかわらず、目覚ましい戦後復興を遂げたからだ。静岡県島田市で医療活動を行うアフガニスタン人医師のレシャード・カレッドも、日本は戦争に敗れても敗戦のわずか一九年後に東京オリンピックを開催するまでに復興したことを称賛している。

イスラーム社会で特に重要と見なされるのは相互扶助の考えで、こうした話はガザの人々がイスラエルの攻撃を受ける中でも助け合いながら生活していることをうかがわせるエピソードだ。また、パレスチナの人々は恩義を感じる人々だ。パレスチナでは筆者が日本人であることを知ると、日本は病院や学校をつくってくれたと愛想よく感謝の言葉を言われることがしばしばある。中嶋医師も安全な国からわざわざ来てくれたと大変感謝されたそうで、それがガザの人々の希望になればそれでいいと語っている（同前）。

日本のＪＩＣＡ（国際協力機構）は中東安定化のカギとして、アフガニスタン、イラク、パレスチナに対する平和構築・復興支援をこの地域の最重要課題として取り組んできた。次は、松永秀樹ＪＩＣＡ元エジプト事務所所長の発言を載せたページからの抜粋だ。

イラク人の日本に対する期待は当初から高かった。私は二〇〇三年夏、北部のエルビル、キルクークやバグダッドなど、イラク各地を調査のため訪れたが、視察した多くの施設で親日的なイラク人に出会い驚いた。いろいろな日本人の名前を耳にした。日本製品・技術に対する信奉に加え、在留邦人が数千人規模であった一九七〇年代、八〇年代に活躍した日本企業および日本のビジネスマンの活躍の記憶がまだ色濃く残っていたのである。（中略）日本企業の美徳の一つが、一度請け負った契約は遂行する責任感である。

現在、イスラエルはガザ南部のハンユニスも攻撃の対象としているが、二〇一四年三月一一日に開催された東日本大震災の犠牲者を追悼する凧揚げイベントで、ガザのハンユニスの子ども代表の男の子は「日本の皆さんに起こったことは、とても残念でとても悲しいことでした。日本の皆さんはパレスチナの子どもとみんなのために惜しみない支援をしてくれています。今日はガザから皆さんは一人じゃないと伝えたいです。みなさんを感じています。」と語った（「パレスチナ子どものキャンペーン」、http://ccpreport.blog90.fc2.com/blog-entry-136.html）。ガザの人々がいかに日本に感謝の気持ちを寄せているかがこの言葉からもうかがえるだろう。

パレスチナ・ガザ情勢に関する日本中東学会理事会声明（二〇二三年一〇月三〇日付）では日本政府に対して、①事態のエスカレートを防止し、政治的解決に向けた環境づくりに協同し、②軍事攻撃で破壊された社会・経済インフラの修復に向けた国際的な支援体制を構築し、③紛争鎮静化後には、問題の最終的・恒久的解決に向け、国際社会が共有する新たな枠組を創出することが呼びかけられている。日本政府には一九九三年の「オスロ合意」を主導したノルウェーのように、主体的に、能動的に日本に対する信頼を背景に中東和平づくりに貢献することをアラブ・イスラーム世界の人々から期待されている。日本の政治家たちにはアラブ・イスラーム世界の人々の日本に対する期待を真摯に受け止め、自覚やバイタリティーをもってイスラエルの極右の主張や活動を抑制するような行動を起こしてほしいとつくづく思う。

【著者】
宮田律（みやた おさむ）
1955年山梨県生まれ。現代イスラム研究センター理事長。83年慶應義塾大学大学院文学研究科史学専攻修了。米国カリフォルニア大学ロサンゼルス校（UCLA）大学院修士課程（歴史学）修了。専攻はイスラム地域研究、国際政治。著書に『黒い同盟　米国、サウジアラビア、イスラエル』『アメリカのイスラーム観』（以上、平凡社新書）、『武器ではなく命の水をおくりたい　中村哲医師の生き方』（平凡社）、『イスラムの人はなぜ日本を尊敬するのか』（新潮新書）、『石油・武器・麻薬』（講談社現代新書）など。

平凡社新書1055

ガザ紛争の正体
暴走するイスラエル極右思想と修正シオニズム

発行日――2024年4月3日　初版第1刷

著者――宮田律
発行者――下中順平
発行所――株式会社平凡社
〒101-0051 東京都千代田区神田神保町3-29
電話 （03）3230-6573［営業］
ホームページ https://www.heibonsha.co.jp/
印刷・製本―株式会社東京印書館
装幀――菊地信義

ISBN978-4-582-86055-9

落丁・乱丁本のお取り替えは小社読者サービス係まで
直接お送りください（送料は小社で負担いたします）。

【お問い合わせ】
本書の内容に関するお問い合わせは
弊社お問い合わせフォームをご利用ください。
https://www.heibonsha.co.jp/contact/